世界の青年と共に

新たな広布の山を登れ!

池田 大作

目　次

装幀　堀井美恵子
HAL

一、本書は、「大白蓮華」（2018年7月号〜2022年10月号）に掲載された「世界を照らす太陽の仏法」を『世界の青年と共に 新たな広布の山を登れ！』として収録した。

一、御書の引用は、『日蓮大聖人御書全集 新版』（創価学会版）に基づき、ページ数は（新○○ジペー）と示した。『日蓮大聖人御書全集』（創価学会版、第二七八刷）のページ数は（全○○ジペー）と示した。

一、法華経の引用は、『妙法蓮華経並開結』（創価学会版、第二版）に基づき（法華経○○ジペー）と示した。

一、編集部による注は（ ）内の＝の後に記した。

一、肩書、名称、時節等については、掲載時のままにした。

一、説明が必要と思われる語句には、〈注○〉を付け、編末に「注解」を設けた。

——編集部

〈表紙写真〉池田大作先生撮影。1993年2月、南米アンデス山脈上空

新たな登攀へ　わが「一念」の変革を

「なぜ山に登るのか」
「そこに山があるからだ」と
かつて
ある著名な登山家は言った

1981年（昭和56年）12月、私は、第1次宗門事件で障魔の烈風が吹き荒れた九州・大分の地を訪問しました。悪僧らの理不尽な迫害にも見事に打ち勝

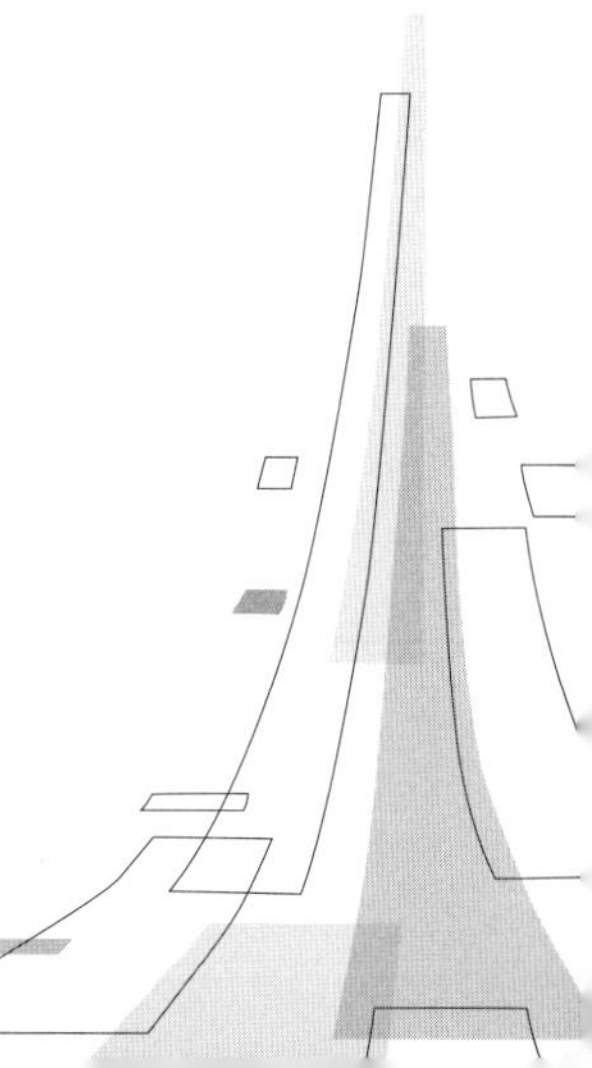

ち、喜び勇んで集った同志の皆さんの笑顔は、晴れやかでした。

そして、若き地涌の青年たちが、いかなる策動にも微動だにせず、凛々しく戦い成長している姿が光っていました。

私は何よりもうれしかった。

青年が盤石ならば、未来は盤石なり。この創価の師弟の魂が脈打つ先駆の天地から、日本そして世界の後継の勇者たちへ指針を贈りたいとの思いで、「青年よ　二十一世紀の広布の山を登れ」との長編詩を詠んだのです〈注1〉。

あれから40星霜――。

太陽の仏法を掲げ、青年たちは私と共に、世紀を超えて、世界広布の壮大な山を登り、民衆勝利の歴史を堂々と開いてくれました。

信心だけは敗れるな！

長い人生には、晴天の時もあれば、嵐の日もある。だからこそ、私は愛する青年たちに呼びかけてきました。いかなる苦衷の最中にあっても、希望を失うな！　信仰は無限の希望である。ゆえに、信心だけは敗れるな！　そうすれば、未来は必ず洋々と開ける、と。

詩を通して、私が強く訴えたことも、この一点です。

信心の二字が不撓であるならば
いつの日か必ずや
その人には
勝利の満足の証が待っている！
その証は
社会の中に厳然として
明確に証明されるのが
事の一念三千の仏法であるからだ！

広布も、人生も、常に仏と魔との間断なき闘争です。それを一つ一つ勝ち越えながら、永遠なる勝利の頂へ登るのです。

眼前の険しき山坂へ、確かな一歩を踏み出せるかどうか。その勝負の鍵は、自分の外にあるのではありません。わが胸中の偉大なる「一念」の変革こそが決定打となるのです。

今、創価学会創立100周年（2030年）を目指して、新たな登攀が始まっています。

今回は、いかなる険難の峰をも、一切を制覇し、価値創造しながら、欣喜雀躍して登りゆく力の根源である、信心の「一念」について学んでいきましょう。

友に「勇気」と「希望」の風を送りたい —— 激務の合間に１枚、また１枚とペンを執(と)る池田先生（1999年３月）

一生成仏抄

御文

（新316ページ・全383ページ）

ただ詮ずるところは、一心法界の旨を説き顕すを妙法と名づく。故に、この経を「諸仏の智慧」とは云うなり。一心法界の旨とは、十界三千の依正・色心・非情草木・虚空刹土、いずれも除かずちりも残らず一念の心に収めて、この一念の心、法界に遍満するを指して、万法とは云うなり。この理を覚知するを、一心法界とも云うなるべし。

現代語訳

結局、一心法界の法理を説き顕している教えを妙法と名づけるのである。ゆえに、この法華経を諸仏の智慧というのである。

一心法界の法理についていえば、十界・三千における依報も正報も、色法も心法も、非情の草木も、また大空も国土も、どれ一つとして除かず、微塵も残さず、全てを自分の一念の心に収め入れ、また、この一念の心が法界（宇宙）のすみずみまで行きわたっていくさまを万法というのである。この法理を覚知することを一心法界ともいうのである。

仏とは、何か特別な、遠くにある存在ではありません。

全ての衆生に、仏の境涯が本来具わっている――日蓮大聖人は、「諸仏の智慧」である法華経に示された真理を「妙法」と名づけ、南無妙法蓮華経の唱題行によって、全ての凡夫がこの身のままで、この一生のうちに、必ず仏になることができると示されました。

今回学ぶ「一生成仏抄」〈注2〉は、末法の衆生が成仏するための法理と、それを可能にする唱題行の実践を明かされた一書です。

〝偉大なる仏の生命が自身の中にある〟と覚知することが「成仏の直道」です。一生成仏の根幹です。それを「一心法界の旨」から説明されています。

この「一心法界の旨」の「一心」とは、瞬間の心、瞬間の生命、一念のことです。「法界」とは、あらゆる事象、森羅万象です。

地獄界から仏界までの衆生も、その衆生が生きる世界も、非情の草木も、虚空も大地も、「いずれも除かずちりも残らず」、一人一人の一念に収まっている――つまり、誰もが、わが一念に全宇宙の要素を収めているのです。そしてまた、わが一念が、全宇宙に行きわたっていくのです。

これが「一心法界の旨」であり、法華経に説かれる「一念三千」〈注3〉の法理です。

自分に克ちゆく唱題を

心、一念は、色や形もなく、有無の概念も超越した不可思議なものです。

「一人一日の中に八億四千念あり」(新520ページ・全471ページ)と、さまざまな縁に触れて次々に起こっては消えていきます。

この変転してやまない一念を、善の方向へ、幸福の方向へと向上させていくのか。それとも、苦悩から苦悩へと向かい、地獄の境涯へ流転してしまうのか――。

大聖人は本抄で、「善悪に付いて起こり起こるところの念心の当体を指して、これ妙法の体と説き宣べたる経王なれば、成仏の直道とはいうなり」(新

318ページ・全384ページ）と仰せです。

実は、常に変化してとどまることのない、自身の一心が本来、妙法の当体であるのです。

そう聞いても、自分自身が妙法の当体であることを信じられない――これが、元品の無明〈注4〉です。一切の不幸の原因である、この無明を晴らせるのが、信心の利剣です。

すなわち「我が一念を指して妙法蓮華経と名づくるぞと深く信心を発すべきなり」（新316ページ・全383ページ）と仰せのように、妙法蓮華経への深き信の「一念」に、仏界の生命が顕現するのです。

「妙法」に「わが生命」を合致させゆくための唱題です。ゆえに祈りとは、自身の一念における、法性〈注5〉と無明との熾烈な闘争です。この戦いに勝ち、〝自分の生命が妙法蓮華経の当体である〟と確信し切ることが、「成仏の直道」であるとの御断言なのです。

すなわち、無明に覆われて気づかなかった妙法と一体の本来の自己に目覚める戦いです。ですから、「苦楽ともに思い合わせて」（新1554ページ・全1143ページ）、迷いの自分に克ちゆく唱題を重ねることが最も大切なのです。

自己自身が妙法の当体

恩師・戸田城聖先生は、一念三千の法理を、人生の生活に即して、分かりやすく教えてくださっています。

「いっさいの人生生活は、自己の生命の変化である。ゆえに、よりよく変化して、絶えず幸福をつかんでいくということが大事なのではないか。

されば、自己自身に生きよ……いや、自己自身に生きる以外にはないのだ、ということを知らなければならない」

自己自身に生きる――それは永遠なる妙法と一体となって生きることです。

戸田先生は、それを明快に、「自分自身が南無妙法蓮華経だと決めることだ！」と示してくださいました。

仮に同じ状況に置かれたとしても、その時、湧き上がる一念の動き、瞬間の心は、人それぞれです。そこに、その時の境涯が如実に現れます。「三千羅列」（新993ページ・全714ページ）です。これが厳しき生命の実像です。

「迷う時は衆生と名づけ、悟る時をば仏と名づけたり」（新317ページ・全384ページ）と仰せの通り、凡夫も仏も、迷悟の違いはあっても、人間として本質的な違いはありません。畢竟すれば、奥底の一念の違いがあるだけなのです。

また、人間が住む国土もそうです。浄土〈注6〉といっても、穢土〈同〉といっても、「我らが心の善悪による」（同ページ）のです。

まさにわが一念が、幸・不幸を決定づける決戦場です。だからこそ信心だけは貫き通さなければならない。

仏法は、確かな自身の幸福を築くための「変革の宗教」なのです。

広布への行動は、全て功徳善根

大聖人は、「流人なれども喜悦はかりなし。うれしきにもなみだ、つらきにもなみだなり」（新1792ページ・全1360ページ）と、大難をも歓喜に変えられました。難即悟達の仏の御境涯です。

現代において、先師・牧口常三郎先生は、獄中にあっても、〝大聖人の大難から見れば、自分の難などは九牛の一毛（取るに足らない小事）である〟と綴られ、「難来るをもって安楽」（新1045ページ・全750ページ）の境涯で殉教されました。

恩師・戸田先生もまた、過酷な獄中闘争を貫かれ、「我、地涌の菩薩なり！」と悟達されました。

今日の壮大な世界広宣流布の運動は、大聖人に直結した不二の師弟による死身弘法から始まったのです。

この両先生に連なって、私たちが決定した一念に立ち、自他共に最高峰を目指して、広布と人生の山を登り続けていくことが、どれほどの深い宿縁であり、福徳であるか。「皆、我が一念に納めたる功徳・善根」（新317ページ・全383ページ）となっていくことは、御聖訓に照らして間違いありません。また、そう確信していく信心の一念が、わが身を大福運で飾るのです。

「題目を唱え奉る音は、十方世界にとずかずという処なし。我らが小音なれども、題目の大音に入れて唱え奉るあいだ、一大三千界にいたらざる処なし」（新1121ページ・全808ページ）です。十方世界の諸仏菩薩が全て味方となることは約束されている。だからこそ、題目をあげ抜いた人には誰人も絶対にかなわないのです。

御義口伝

御文

（新984ページ・全708ページ）

御義口伝に云わく、「南無」とは梵語なり。ここには「帰命」と云う。人法これ有り。人とは釈尊に帰命し奉るなり。法とは法華経に帰命し奉るなり。また云わく、「帰」と云うは迹門不変真如の理に帰するなり。「命」とは本門随縁真如の智に命づくなり。「帰命」とは南無妙法蓮華経これなり。釈に云わく「随縁・不変は、一念の寂・照なり」。

現代語訳

（「南無妙法蓮華経」について）「御義口伝」に次のように仰せである。「南無」とは梵語である。（漢語では）「帰命」という。（帰命には）「人」への帰命と、「法」への帰命がある。「人」への帰命とは釈尊に帰命し奉ることである。「法」への帰命とは法華経に帰命し奉ることである。

また、次のように仰せである。（帰命の）「帰」とは、迹門不変真如の理に帰することである。（帰命の）「命」とは、本門随縁真如の智に命づくことである。「帰命」とは南無妙法蓮華経そのものである。ある釈には「随縁・不変は、一念の寂・照なり」とある。

わが一念の変革によって、自身が妙法の当体と輝くことを、「帰命」の原理によって教えられている「御義口伝」〈注7〉の一節です。

最初に、南無とは、漢語で「帰命」と訳され、簡潔に言えば、〝根本として随う〟という意義になります。つまり、自分の全てをかけて信じるということです。

さらに、何に帰命するかについて、「人」と「法」とがあると述べられます。言うまでもなく、私たちから拝すれば、末法の御本仏・日蓮大聖人、そして南無妙法蓮華経の御本尊への帰命にほかなりません。

続いて、「帰命」を「帰」と「命」の二つの側面から論じられます。ここに、私たちの信心の実践のあり方が明確に記されています。

わが生命を妙法に合致

まず、「『帰』と云うは迹門不変真如の理に帰するなり」と説かれています。

この「不変真如の理」とは、わかりやすく言えば、時代や状況を超えた永遠不変の真理です。

したがって「不変真如の理に帰する」とは、本来の真理に帰る。つまり、宇宙と生命を貫く妙法蓮華経の本源の一法に、わが生命を合致させていくことです。

具体的な実践に約せば、御本尊を信じ、唱題することが根本です。それによって、わが生命を妙法に「帰する」ことができるのです。また、求道と誓願の心に貫かれた広布の実践は、全て妙法に「帰する」修行になっていくということです。

次に「『命』とは本門随縁真如の智に命づくなり」と仰せです。

この「随縁真如の智」とは、刻々と変化する現実に応じて発揮される仏の智慧です。まさしく仏界の働きです。

「随縁真如の智に命づく」とは、妙法に則った地涌の菩薩の生き方を実践することです。そうすることによって、無限の生命力、仏の智慧を涌現させ、人間革命、生活革命をしていくことができる。何があっても行き詰まることなく、今の苦悩も苦難も、一つ一つを希望へ、勝利へと変えていけるのです。

その価値創造の行動、振る舞いが、随縁真如の智に命づいた姿になります。真の意味での、喜びと充実の人生を歩んでいくことができるのです。

仏意仏勅の学会と共に進もう

以上のように「御義口伝」では、「帰命」を「帰する」ことと、「命づく（基づく）」ことであると示されています。法に帰することは、法に命づくことです。妙法の題目を唱えることによって永遠の仏の生命が顕現し、無限の力が湧き出すのです。何があっても壊れない。何が起ころうと自在である――それが「永遠の法」と一体となった境涯です。

「『帰命』とは南無妙法蓮華経これなり」です。凡夫の生命に仏界を脈々と涌現させるところに、妙法蓮華経の題目の深い意義があります。

また、「随縁・不変は、一念の寂・照」とあります。「寂」とは万法が一念に収まること、「照」とは一念が万法を照らすことです。「随縁」「不変」は、「一念」の「寂」と「照」であり、全て南無妙法蓮華経に具わる働きです。

日々、仏意仏勅の学会と共に、信行学の実践を貫き、広宣流布の誓願に生きて生きて生き抜くことです。その時、自分の個性は最大に豊かに生かされ、全てが輝いていきます。本来の自分の持てる力を自在に発揮して、使命を果たしていくことができるのです。

「毎自作是念」の念とは一念

法華経寿量品に「毎自作是念（毎に自ら是の念を作す）」とあります。仏は、一切衆生を無上道に入らせ、成仏させようと心を砕き続けている、ということです。

そして大聖人は、「『つねに自らこの念を作す』の『念』とは、一念三千、生仏本有の一念なり」（新1803ページ・全1368ページ）とも仰せです。

「全ての人と共に幸せになりたい」――これは、衆生も仏も等しく本来、具えている一念です。それとともに、生命に本源的に脈打つ一念なのです。この一念に目覚め、この一念に生き抜く。それが妙法への帰命です。

そして妙法と一体ということは、〝全ての人を幸せに〟との、仏の大慈悲がみなぎっていく生き方になるのです。

戸田先生の不二の弟子として私は若き日から、「一念に億劫の辛労を尽くせば、本来無作の三身念々に起こるなり」（新1099ページ・全790ページ）との「御義口伝」の一節を心肝に染めて戦い、一切を勝ち切ってきました。

「一念に億劫の辛労」を尽くすとは、仏の願いを実現せんと、一瞬一瞬、わが命を捧げることです。この必死の一念によって妙法に「帰する」のです。

そして、妙法に「命づき」、仏の智慧を発揮し、自身の行動が、仏の振る舞いに通じて、無作三身の力を発揮する人生となっていく。それが日蓮仏法です。

人間の魂が求めているもの

2022年（令和4年）は、20世紀最大の歴史学者アーノルド・J・トインビー博士〈注8〉との対談から50周年の節目になります。

人類の一人一人が、自己中心性を打破することにこそ、戦争、貧困、差別、そして環境破壊など、地球的問題群を超克するカギがある――これが、人類の歴史を透徹した眼で見つめ続けた大碩学の結論でした。

博士と私は、その自己中心性を打破するために、宇宙の〝究極の精神的実在〟と一体化していくための宗教が現代にこそ必要であること、人間の欲望を克服し、〝小我〟を〝大我〟へと拡大していくことに真実の宗教の役割があることを語り合いました。

博士は、「仏教に説かれる普遍的な生命の法体系の方が〝究極の精神的実在〟をより誤りなく示し出しているように思います」と、深く賛同されていました。

「妙法」は、博士も志向されていた、宇宙と生命を貫く根源の法そのものです。

妙法への帰命は、欲望に振り回され、苦悩に縛られている〝小我〟の殻を打ち破り、他者の苦しみを自身の苦しみとして、自他共の幸福を願う〝大我〟に立ち返ることである。この根源的な思想であり、人間革命の哲学が、ますます求められているということです。

「自己を果てしなく勝利者に」

私は、「青年よ　二十一世紀の広布の山を登れ」に、次のようにも詠いました。

信仰とは
何ものをも恐れぬことだ！
自己を果てしなく
勝利者にしゆくことだ！
法と人と社会を結ぶ
偉大なる人間をつくりゆく行動だ！

自己を果てしなく勝利者に――それは、永遠の法である妙法と一体となった、不撓不屈の強靭なる自己を築くことです。
法と人と社会を結ぶ――それは、不変真如の理に則り、随縁真如の智を自由自在に発揮し、社会に実証を輝かせゆくことです。
偉大なる人間――それは、〝全ての人と共に幸せになりたい〟と、「『毎自作是念』の悲願」（新516ページ・全466ページ）を果たしていくことです。

この師弟不二の翼こそ、大いなる青年の飛躍の翼です。

私と皆さんは、常に誓願の題目、師子吼の題目で結ばれています。

さあ、「新たなる広布の山」を、妙法正義の旗を振りながら、万年尽未来際を見晴るかし、人類の平和と幸福という頂を目指していきたい。一歩また一歩と、前進の足取りを一段と力強くし、また朗らかに登っていこうではありませんか。

世界の同志と共に！

私と共に！

我らの一念の凱歌、そして創価の生命の讃歌を宇宙大に轟かせながら！

［注　解］

〈注1〉1981年（昭和56年）12月10日、大分青年部幹部会の席上、発表された。戸田城聖先生の「青年訓」発表から30周年の折に、新しい指針として池田大作先生が口述し、間際まで推敲を加えた。翌日の聖教新聞に掲載された、「なぜ山に登るのか」から始まる約400行の〝21世紀への指標〟は、全国の青年に深い感動を与えた。99年3月、青年たちの要望に応えて手が加えられ、再度、聖教新聞紙上に発表された（『池田大作全集』第43巻に収録）。

〈注2〉【一生成仏抄】建長7年（1255年）の著作とされる。南無妙法蓮華経の題目を唱えることが一生成仏の直道であることを強調されている。

〈注3〉【一念三千】天台大師智顗が『摩訶止観』巻5で、万人成仏を説く法華経の教えに基づき、成仏を実現するための実践として、凡夫の一念（瞬間の生命）に、三千、すなわち、仏の境涯をはじめとする森羅万象が収まっていることを見る観心の修行を明かしたもの。

〈注4〉【元品の無明】生命の根源的な無知。究極の真実を明かした妙法を信じられず理解できない癡かさ。また、その無知から起こる暗い衝動。

〈注５〉【法性】万物の本性、仏の覚りの本質。真理であり、万物の本来のあるべき姿を示すものなので、法性真如ともいう。

〈注６〉【浄土　穢土】「浄土」は、仏の住む清浄な国土のこと。また、国を浄めるという意に使うこともある。「穢土」は、けがれた国土のこと。煩悩と苦しみが充満する、凡夫が住む娑婆世界。法華経本門では、娑婆即寂光の法理が説かれ、この娑婆世界こそ仏の住する本有の寂光土とされた。

〈注７〉【御義口伝】日蓮大聖人が、身延で法華経の要文を講義され、それを日興上人が筆録したと伝えられている。上下２巻からなる。引用の箇所は、「御義口伝」冒頭の「南無妙法蓮華経」から。

〈注８〉【アーノルド・Ｊ・トインビー博士】１８８９年～１９７５年。イギリスの歴史学者・文明史家。ロンドン大学、王立国際問題研究所の要職を歴任。代表作『歴史の研究』は各界に大きな影響を与えた。池田大作先生との対談『二十一世紀への対話』（『池田大作全集』第３巻所収）は、人類に貴重な展望を与えるものとして、30言語を超えて翻訳されている。

閻浮提第一の生命哲学の賢者に

「戦いは、毎日激烈を極む。唯、勝つことを願い、前に前に進む以外の道なし」

1950年（昭和25年）の秋10月に記した日記です。いまだ戦後の社会の混乱期で、恩師・戸田城聖先生の事業が蹉跌をきたし、力の限り先生を支えていた渦中です。給料は遅配し、立ち去る同僚も相次ぎました。しかし、私には悲観などなかった。

引き続き日記には、「仕事も大事」としたうえで、「御書の研究を、確実にすることを、決して忘れぬこと」と綴りました。仏法の研鑽に対しても、一歩も退かない決意を強くしたのです。

わが人生を決めた偉大な師匠がいる！
わが青春を懸ける崇高な使命がある！
わが生命を開きゆく深遠な哲理がある！

疲労と病弱の身を自ら鼓舞し、深夜にひもといた御書の一節一節は、その全てが若き命の「希望」となり、「勇気」となり、「誓願」となりました。

法華経を心得る人は仏と等しい

いよいよ来月（2022年11月）に迫った「教学部任用試験」を目指し、寸暇を惜しんで仏法入門を学ばれている尊き一人一人を、私は心から讃えたい。多宝の友もいれば、未来部の友もいる。学業や仕事、子育て等で多忙な中、挑戦している人もいる。また、経済的な苦境や病魔などと戦っている方もいるでしょう。

日蓮大聖人は、「法華経を心得る者は釈尊と斉等なり」（新1681ページ・全1216ページ）と仰せです。妙法への熱き求道心は、必ず必ず〝仏と等しい〟大功徳を現す源となっていくのです。

日々の勤行・唱題は、自身の不屈の生命力を顕現していく。御書の御文を、目や耳で、また声に出し、手で書いて学んだことは、わが色心に刻まれて現実の生活と社会を生き抜く智慧となり、これからの人生のさまざまな場面で真価を発揮するようになるのです。行学の実践を貫く皆様方を、諸仏も菩薩も讃歎し、諸天善神が守護しないわけがありません。

民衆救済のために命に及ぶ数々の大難を勝ち越え、妙法を弘め抜かれた日蓮大聖人の大慈大悲と御確信を、そのまま心肝に染めるのが、創価学会の教学研鑽です。

大聖人直結の和合僧の中で御聖訓を拝し、真剣に学ばれる受験者の皆様方、そして共に学び合われる方々の幸福と勝利を、私と妻は、日々、ひたぶるに御祈念しております。

幸福の因果を自身の中に見る

10月1日は、妙法を根本に、真理探究と価値創造の英雄として活躍する「学術部の日」です。1972年（昭和47年）、「大白蓮華」で、英邁な学究の友と、てい談「生命論」（後に『生命を語る』として出版）を開始したのが淵源です。思えば、1949年（昭和24年）、戸田先生が「大白蓮華」の創刊号において筆を執られた巻頭論文も「生命論」でした。

生命をどう説くのか。永遠性をどう明かすのか。そこに宗教の価値が問われます。

御書で、当時の仏教以外の諸教を「実には因果を弁えざること嬰児のごとし」（新53ジ・全188ジ）と指摘されている通り、自身の外ではなく内に、過去・現在・未来の三世を貫く生命の因果律を見出したのが、仏法の卓越性です。そして、その過去の因果を最高最善の方向へと昇華しうる「根源の法」を開示し、万人が崩れざる幸福境涯を築く道を明かしたのが、大聖人の仏法です。

感染症の拡大から2年が過ぎ、対策を万全にしながら今年はイギリス、ドイツ、韓国、マレーシアで教学試験が行われ、この秋以降、アメリカ、ニュージーランド、スペイン、スイス、台湾、南アジア、中南米、アフリカなどでも実施予定です。〈最終的に２０２２年は、アフリカの教学実力試験を含め世界42カ国・地域で教学試験が実施された〉

いやまして仏法の生命尊厳の思想が待望されています。「生命の世紀」の実現へ、私たちの挑戦を加速していかねばなりません。

ここでは仏法の生命論の根幹をなす十界について御書を拝します。

観心本尊抄

御文

（新127ページ・全241ページ）

しばしば他面を見るに、ある時は喜び、ある時は瞋り、ある時は平らかに、ある時は貪り現じ、ある時は癡か現じ、ある時は諂曲なり。瞋るは地獄、貪るは餓鬼、癡かは畜生、諂曲なるは修羅、喜ぶは天、平らかなるは人なり。（中略）世間の無常は眼前に有り。あに人界に二乗界無からんや。無顧の悪人もなお妻子を慈愛す。菩薩界の一分なり。ただ仏界ばかり現じ難し。（中略）

末代の凡夫、出生して法華経を信ずるは、人界に仏界を具足するが故なり。

現代語訳

何度となく人の顔を見ていると、ある時は喜び、ある時は怒り、ある時は平穏に、ある時は貪りを現し、ある時は愚かさを現し、ある時は本心を曲げて人に諂い機嫌をとっている。怒るのは地獄界、貪るのは餓鬼界、愚かなのは畜生界、本心を曲げるのは修羅界、喜ぶのは天界、平穏なのは人界である。（中略）

世間の無常のありさまは、いつも目にすることである。どうして、人界に声聞・縁覚という二乗界がないだろうか。他人のことを顧みない悪人ですら、自分の妻や子には優しくする。これは、わずかではあるが菩薩界が現れているのである。ただし、仏界だけは現れるのが難

> しい。（中略）
> 末法に凡夫が生まれて法華経を信じるのは、人界に仏界が完全に具わっているからなのである。

日蓮大聖人が流罪地の佐渡において著された重書「観心本尊抄」〈注1〉の一節です。

同抄では、「観心」とは己心に十界が具わると見ることであり、末法における成仏のための観心の修行とは、本門の本尊を信じて南無妙法蓮華経と唱えることであると明らかにされています。今回拝する一節は、心に十界が具わることなど信じられないとの問いに対して、分かりやすく説明されている箇所です。

十界とは、十種の生命境涯であり、迷いに満ちた凡夫が生死を繰り返す六道

（地獄・餓鬼・畜生・修羅・人・天）と、仏教の修行者が到達できる覚りの境地としての四聖（声聞・縁覚・菩薩・仏）に分かれます。

法華経以前の諸経においては、十界の一つ一つの界は断絶したものであり、二乗（声聞、縁覚）は成仏できない等と説かれています。結局、万人成仏の仏の悲願は、かなわないのです。私たちの一生成仏もありません。

それに対して、法華経は一切衆生の成仏を説きます。その前提として、地獄界から仏界までの十界の衆生には、それぞれ次に現れる十界が因として具わっている。これによって、十界の一つ一つの界に他の十界が具わる「十界互具」〈注2〉が導かれ、天台大師〈注3〉は、この「十界互具」をもとに「一念三千」の法門を示しました。

ただし、これまでの諸経の説と異なることから、本抄の問答では、「火を水と言い、墨を白いと言っているようなもので、たとえ仏が説かれたことであっても信じることは難しい」（新127ページ・全241ページ、通解）と難詰されます。確かに従来の理解からすれば、人界の私たちの心に、菩薩界のみならず仏界が具わるなど思いもよらないことでしょう。

縁に触れてめまぐるしく変化

そこで大聖人は、まず「六道」について、私たちの日常の姿・形に表れた感情などによって、生命境涯を説明されます。

喜び（天界）、怒り（地獄界）、平穏（人界）、貪り（餓鬼界）……。私たちは大なり小なり、こうした感情をめまぐるしく現しながら生きています。そのどれもが私たちの心に具わっているからこそ、縁に触れて現れてくるのです。

次に「四聖」については、六道ほど簡単には分からないものですが、世間の無常のありさまを目にすること（声聞界・縁覚界）、悪人でさえ妻子を慈しむこと（菩薩界の一分）によって説明されています。

ただし、「仏界ばかり現じ難し」――仏界だけは現れるのが難しく、説きがたいと、大聖人は示されています。

確かに、任用試験の研鑽に際しても、仏法対話でも、仏界があることをどう表現したらよいのか、皆が深く思案するところでしょう。

では、大聖人はどのように説かれているのでしょうか。「末代の凡夫、出生して法華経を信ずるは、人界に仏界を具足するが故なり」と述べられています。末法の凡夫が法華経を信ずること、それ自体が、実は、人界に仏界が具わる証しであるとされているのです。

法華経は、仏の真実の覚りをそのまま説き明かした「随自意」〈注4〉の教えであり、一切衆生の誰も置き去りになどしない「万人成仏」の大法です。そして、偉大な法華経を「信受」することは、「以信代慧」〈注5〉で、私たち自身に仏の智慧が具わることを「覚知」することに等しい。大聖人の仏法において、法華経を信受するとは、即、妙法の受持であり、それがそのまま、仏の生命境涯を開くことに他ならないのです。

ここで、「末法に凡夫が生まれて法華経を信じる」と仰せになっていることについて、さらに二つの観点から拝察したい。

第一に、末法という「時」の問題です。

「闘諍言訟」「白法隠没」〈注6〉と示されている通り、末法とは、争いばかりが起こって邪見がはびこり、正法が見失われる時代です。その「時」に、仏の真実の教えに巡り合えることは、どれほどありがたいことでしょうか。

第二に、末法の凡夫のための「教え」という点です。過去世において仏とのつながりも薄く、機根〈注7〉が整っていないとされる末法の一切衆生を、どう救済するのか。

一切衆生の成仏を開く題目

大聖人は、成仏の根本法である南無妙法蓮華経を自ら覚知され、末法の要法として打ち立てられました。この南無妙法蓮華経の題目こそが、一切衆生の成仏をもたらす「仏の種」そのものであり、何の善根もない末法の凡夫であっても、妙法を信受することによって仏界を涌現し、成仏できるのです。
よって、「末法に凡夫が生まれて法華経を信じる」とは、末法という濁世に生まれた衆生が、ありがたいことに成仏の大法である南無妙法蓮華経に出合い、信受し、そして題目を唱えることを指しています。まさしく、私たちが題目を唱え、社会において生き生きと仏の智慧を発揮しながら、信頼と友情を広げていく生き方こそが、万人に仏界が具わる証明となるのです。

この日蓮仏法を現代に展開し、仏界涌現の実証を「現じ」、地球上の至る所で「人界に仏界を具足する」ことを証明してきたのが、世界中の創価学会員です。

信心に勇み立つ宝友の一人一人が、妙法の偉大さを宣揚する尊き主人公なのです。広宣流布の全権大使です。そこには、年齢、性別、国籍、人種などの差別は全くありません。

しかも教理上の次元や、観念の世界だけで完結するのではなく、仏法を自身の生命変革の法理と捉えてこそ、真の十界互具・一念三千の法門です。どこまでも実践に即して、自他共の境涯革命、さらには社会変革の指標としてきたのが、学会の生命論の真髄なのです。

御書を通して、いかに大聖人の大慈悲の精神に迫っていくのか。一節一節の御文を私たち自身に与えられた励ましと受け止め、どのように人間革命の力としていくのか。そして偉大な生命哲学をわが人生にどのように体現し、その正しき道を歩んでいくのか。

この「実践の教学」の伝統を堅持し、いま一度、「御書根本」「大聖人直結」の学会精神を胸に刻んでおくため、今度は、『日蓮大聖人御書全集　新版』に新たに収録された「依法不依人の事」〈注8〉を拝します。

依法不依人の事

御文

（新2146ページ）

世間の人々はいずれを是ということをしらざる故に、あるいは多人のいうかたにつきて一人の実義をすて、あるいは上人の言について少人の実義をすつ。あるいは威徳の者のいうぎにつきて無威の者の実義をすつ。仏は「依法不依人（法に依って人に依らざれ）」といましめ給えども、末代の諸人は「依人不依法（人に依って法に依らず）」となりぬ。仏は「依了義経不依不了義経（了義経に依って不了義経に依らざれ）」とはせいし給えども、濁世の衆生は「依不了義経不依了義経（不了義経に依って了義経に依らず）」の者となりぬ。

現代語訳

世の中の人々は、どちらが正しいかということを知らないので、ある時には多くの人が言う方を支持して一人の人の真実の主張を捨て、ある時には上人（人々から尊ばれている高僧）の言うことを支持して少人（身分の低い人）の真実の主張を捨てる。ある時には権勢のある者が言う主張を支持して、権勢がない者の真実の主張を捨てる。

仏は「教えを依りどころにして、人を依りどころにしてはならない」と戒められたけれども、末代の人々は「人を依りどころにして、教えを依りどころにしない」になってしまった。仏は「了義経（仏の真意が明瞭な経典）を依りどころにして、不了義経を依りどころとして

> はならない」と制止されたけれども、濁世の人々は「不了義経を依りどころにして、了義経を依りどころにしない」という者になってしまった。

本抄では、「白法隠没」の混迷深まる末法において、人々が大聖人を遠ざけているのは、次の三種の言葉になびいているからであると喝破されています。

第一に、多くの人が言っていること。

第二に、世に尊ばれている人が言っていること。

第三に、権勢のある人が言っていること。

それゆえに、ただ一人、民衆の出自で、権勢と無縁の大聖人が、いくら真実を叫ぼうとも、人々は用いないのだ、と示されています。

人はともすれば、多くの人々、あるいは地位や権威のある人が言っていれば、根拠がないことであっても、そちらについてしまいかねない。それは現代にもあることでしょう。

大聖人が法華経の真実を証明

続いて大聖人は、涅槃経が説く「法の四依」〈注9〉のうち、「依法不依人」と「依了義経不依不了義経」の二つを引かれます。

仏法者は、教えを依りどころにして、人を依りどころにすべきではなく、また、了義経、すなわち釈尊の真意が完全に説かれている経典を依りどころにして、その他の経典を依りどころにすべきではないということです。

つまり、仏の真実の教えを明かした経典である法華経を依りどころにするべきであり、人数の多寡や身分の高低、権勢の有無によって惑わされてはならないということです。

大聖人ほど法華経を身読された方はいません。御自身が「刀杖を加うる者有らん」「数数擯出せられ」〈注10〉等の経文の通り、命にも及ぶ幾多の大難に遭われ、妙法を弘めたことによって、法華経と釈尊の「未来記」が真実であることを証明されました。「依法不依人」「依了義経不依不了義経」の生き方を、自らが不惜身命で実践されたのです。

この大聖人の峻厳なる精神と行動を御書根本に継承してきたのが、創価の師弟です。大聖人の御聖訓を、広布と人生の糧とすることによって御本仏の「未来記」を実現し、「仏法西還」のままに全世界で、「人間革命」という生命変革のドラマを打ち立ててきました。

創価学会は、民衆の一人一人が自身に内在する仏界の生命を開いて、「智慧と慈悲」を発揮し、自他共の幸福を築いています。そして「賢き」「強き」「良き」世界市民を輩出しています。それは、毀誉褒貶の八風〈注11〉に左右されない、人間の尊厳に目覚めた民衆の連帯といってもよい。まさに、世界各地の同志が、釈尊が残した万人成仏の法華経の理想を体現し、大聖人が示された民衆救済の大道を力強く歩んで、希望と平和の行進を繰り広げているのです。

「希望」を広げる「慈悲の革命」

スペイン語版「御書」の総合監修者を務められたカルロス・ルビオ博士〈注12〉は、次のように語っていました。

「目前の危機に対し、私たちも日蓮と同じように声を発することができます。日蓮仏法が示す変革の力の体現者となり、自身と周囲の人々の心に『慈悲の革命』を起こすことができます」

「その意味で、独立した在家信徒の団体である創価学会・ＳＧＩの使命は計り知れません。皆さんの活動は世界中の人々に啓発を与えるものであり、『希望』そのものです。

人類は今、仏教でいう『末法』の新たな時代に立たされていると思います。

パンデミック（感染症の世界的大流行）に翻弄される不確実な現代において、世界が最も必要としているのは、この『希望』なのです」

博士は、十数年にわたり、御書と法華経の翻訳に尽力され、日蓮仏法を深く理解し、世界宗教として大きく飛翔する創価学会の実践を見守ってくださっています。

一人一人の人間の豊かな内発性、そして限りない可能性を開発する宗教として仏法への期待は、ますます高まっているのです。いよいよ、人華が咲き薫る「創価の時代」が開幕しています。

学会員は皆、一閻浮提第一の生命哲学を信じ、学び、行じゆく地涌の使命の賢者であり、立正安国に挑み立つ誇り高き勇者です。

さあ、我らは大地に足をつけて胸を張り、どこまでも威風堂々と、「生命尊厳の世紀」へ、地涌の大歓喜のスクラムをさらに大きく広げていこうではありませんか!

[注　解]

〈注1〉【観心本尊抄】「如来滅後五五百歳始観心本尊抄」。文永10年（１２７３年）４月、佐渡流罪中の一谷で著された書。末法の人々が信じて成仏するための根本法である南無妙法蓮華経の御本尊について説かれている。

〈注2〉【十界互具】法華経に示された万人成仏の原理。地獄界から仏界までの各界が、次の瞬間に現れる十界を因として具えていること。この十界互具によって九界と仏界の断絶がなくなり、あらゆる衆生の成仏が可能になった。

〈注3〉【天台大師】５３８年～５９７年。中国の陳・隋の時代に活躍した僧で、『摩訶止観』を講述し、一念三千の観法を確立した。

〈注4〉【随自意】「自らの意に随う」と読み、衆生の機根にかかわらず、仏自身の内面の覚りをそのまま説き示すこと。法華経がこれに当たる。これに対して、仏が衆生の機根や好みに随って説法し、真実の法門に誘引することが「随他意」である。法華経以前の経典である爾前経に当たる。

〈注5〉【以信代慧】「信を以て慧に代う」と読み下す。仏が智慧によって覚知した正法を、自身の智慧によって覚知する代わりに、仏が説いた正法を信じ行ずることによって、智慧で得るのと同じ功徳を享受して成仏すること。

〈注6〉【「闘諍言訟」「白法隠没」】仏の滅後、法の功力が失われる末法の時代の初めには、仏教の中に、偏った自説に執着する者が多く、争いが絶えず、正しい仏の教えが見失われてしまうこと。

〈注7〉【機根】仏教を理解し信じ実践する能力・資質。

〈注8〉【依法不依人の事】一部分しか伝えられておらず、いつ、誰に与えられたかは不明である。筆跡から文永年間の頃の御執筆とも考えられている。

〈注9〉【法の四依】四つの依りどころとすべき規範の一つで、滅後のために定められた。涅槃経に説かれる。①依法不依人（修行する人は仏の教えそのものを依りどころとして、教えを説く人に依ってはならない）、②依義不依語（教えの真義に従い、表面上の言葉・文章に依ってはならない）、③依智不依識（真の智慧に依って、凡人の感情・判断に依ってはならない）、④依了義経不依不了義経（中道実相の義を説いた了義経に依って、そうでない不了義経に依ってはならない）。

〈注10〉【「刀杖を加うる者有らん」「数数擯出せられ」】いずれも法華経勧持品第13に説かれる法華経の行者を迫害する様相（法華経418ページ、420ページ）。俗衆増上慢から受ける暴力の難と、僣聖増上慢から受ける度々の追放や流罪の難。

〈注11〉【八風】利い（利益、繁栄）・衰え（勢力の衰退）・毀れ（名誉が傷つけられること）・誉れ（名声、栄誉）・称え（賞讃）・譏り（誹謗を受けること）・苦しみ・楽しみの8種。「四条金吾殿御返事（八風抄）」には「賢人は、八風と申して八つのかぜにおかされぬを、賢人と申すなり。（中略）この八風におかされぬ人をば、必ず天はまぼらせ給うなり」（新1565ページ・全1151ページ）と指導されている。

〈注12〉【カルロス・ルビオ博士】1951年〜。スペイン・トレド生まれ。スペインにおける日本文学・文化研究の権威。東京大学の客員教授、マドリード・コンプルテンセ大学教授等を歴任。博士の発言は、聖教新聞2021年2月16日付から。

地涌の大願で「自他共の幸福」を実現

大地を舞台に使命の舞を舞い、太陽を友として希望の光を放つ。これが、私たち創価の人生です。

大詩人ゲーテ〈注1〉は詠いました。

「この大地からこそ私の歓びは湧きでるのだ、
　この太陽こそ私の悩みを照らすのだ」

いかに生命の底力を発揮し、賢明に力強く前に歩みを進めていくか。

現在、未曽有の「コロナ禍」により、世界同時に、人々は大きな危機に直面しています。

しかし、かの「イタリア・ルネサンス」も、14世紀に猛威を振るったペストの大流行を乗り越えての「蘇生」であり「復興」でした。危難が襲い来るたびに、勇気と英知を振り絞って応戦し、新たな飛躍を遂げてきたのが、人類の厳たる歴史です。

私は確信しています。どんなに闇が深くとも、必ずや人類に赫々たる「太陽の仏法」の光明は輝いていくことを！

今、創価の同志は、全地球上の、あの国にも、この地にも躍り出て、希望と蘇生の哲理を掲げ、威風も堂々と前進しています。毅然と頭を上げ、声高らかに不屈の勝利の歌を歌いながら民衆の大行進を開始しています。

日蓮大聖人が、法華経の会座さながらの地涌の民衆の出現を、いかばかり御賞讃くださっていることでしょうか。牧口先生と戸田先生が、どれほど喜ばれていることでしょうか。

学会は創立以来、人材を養成

創価学会の誕生は、1930年(昭和5年)の11月18日、牧口先生の教育思想を集大成した『創価教育学体系』(第1巻)が、不二の弟子である戸田先生の尽力で発刊され、その発行所として「創価教育学会」の名前が世に出たことにあります。師弟の結晶たる大著の冒頭1行目には、こう宣言されています。

「創価教育学とは人生の目的たる価値を創造し得る人材を養成する方法の知識体系を意味する」――と。

すなわち創価教育とは、〝価値創造の人間をつくる教育〟です。目的は「人格の価値」を高めることです。そして価値創造の中に幸福があるゆえに、〝自他共の幸福を広げる人間をつくる教育〟です。

さあ、わが同志(とも)よ！　青年(きみ)たちよ！　勝利の歴史を――来日したＳＧＩ青年部メンバーを励ます池田先生（2001年９月　東京・信濃町）

焦点はどこまでも「人間」自身なのです。

牧口先生は、すでに若き日の大著『人生地理学』〈注2〉で、人類が未来に向かうべきは「人道的競争」であると展望されていました。

「その目的を利己主義にのみ置かずして、自己とともに他の生活をも保護し、増進せしめんとするにあり」「他のためにし、他を益しつつ自己も益する方法を選ぶにあり。共同生活を意識的に行うにあり」

それから約30年を経た、この『創価教育学体系』で先生は、他者に依存した「依他的生活」から、自立した「独立的生活」へ、さらに利他的な「貢献的生活」へ、という三段階の過程を示されます。とくに「貢献的生活」とは、大乗仏教に利他行の実践者として説かれる「菩薩」の生き方にほかなりません。

牧口先生は戦時下、「自分ばかり御利益を得て、他人に施さぬような個人主義の仏はないはずである。菩薩行をせねば仏にはなられぬのである」と訴えられていました。軍部政府の宗教弾圧により、牧口先生と戸田先生が投獄される半年余り前のことです。

「地涌の菩薩」の精神を体現した、偉大な価値創造の人材よ、今こそ躍り出よ――。

これこそ、牧口先生が少壮から模索され、学会の創立後、いよいよ明確にしていかれたビジョンなのです。

世界に冠たる菩薩の集団

1944年（昭和19年）の11月18日、牧口先生は、冷たい牢獄で殉教されました。不思議にも、時を同じくして、後継の弟子である戸田先生は獄中で法華経を身読し、「我、地涌の菩薩なり」と覚知されています。

我らは皆、広宣流布を誓って、あえて悪世末法に生まれてきた地涌の菩薩である！

この恩師の悟達ありてこそ、創立以来、牧口先生が念願してきた「菩薩行の人材雲集」という学会真実の姿が現出したのです。

とともに「地涌の菩薩のさきがけ日蓮一人なり」（新1790ページ・全1359ページ）と言われた大聖人に直結し、慈折広宣流布を遂行する地涌の菩薩の和合僧団として永遠不滅の生命を得ていったのです。

ここではまず、「曽谷入道殿許御書」〈注3〉を拝し、地涌の菩薩こそが末法濁世の衆生を救済する力を持っていることを学びます。

曽谷入道殿許御書

御文　（新1400ページ・全1032ページ）

しかるに、地涌千界の大菩薩、一には娑婆世界に住すること多塵劫なり。二には釈尊に随って久遠より已来初発心の弟子なり。三には娑婆世界の衆生の最初下種の菩薩なり。かくのごとき等の宿縁の方便、諸大菩薩に超過せり。

現代語訳

しかるに地涌千界の大菩薩は、一つには娑婆世界に住することが多塵劫である。二つには久遠以来、釈尊に随従してきた初発心の弟子である。三つには釈尊がこの娑婆世界において初めて成仏の種を下ろした菩薩である。

このような、過去世からの因縁の深さは余の諸大菩薩に超過している。

末法に妙法を弘通する使命

本抄では、末法の衆生を救う要法とは「妙法蓮華経の五字」であり、苦悩渦巻く娑婆世界〈注4〉で妙法を弘通するのは、地涌の菩薩以外にないことが明かされます。

仏が地涌に託す付嘱の大儀式が説かれる法華経神力品は、次のように始まります。

「爾の時、千世界微塵等の菩薩摩訶薩の地従り涌出せる者は……」（法華経567ページ）

この千世界を微塵にした粒の数ほど多くの菩薩とは、大地から涌出した上行菩薩〈注5〉をはじめとする地涌の菩薩のことで、御文では「地涌千界の大菩薩」と仰せです。

地涌の菩薩は、第一に、最も困難の多い娑婆世界を本国土として、はるか昔から、ここがわが宿縁の天地なり、使命の舞台なりと誓願して戦いを起こすのです。

地涌の菩薩は、第二に、仏が久遠に成道して以来の直弟子であり、ずっと一緒に戦ってきました。いわば永遠の師弟共戦の旅を続けているのです。

そして第三に、地涌の菩薩は、娑婆世界の衆生の中で、久遠の仏から最初に下種を受けた菩薩です。それが今度は、末法の衆生に下種をする存在となるのです〈注6〉。難を恐れず、広宣流布の先陣を切って戦うのが、地涌の菩薩です。

これが、久遠より「大地の底にかくしおきたる真の弟子」（新1221ページ・全905ページ）の偉大な姿です。ともに「五百塵点劫よりこのかた御弟子とならせ給いて一念も仏をわすれずましまます大菩薩」（新1728ページ・全1306ページ）と仰せの通り、久遠の仏と強い絆を持っています。そして末法に願って生まれる甚深の宿縁と使命を持った菩薩なのです。

経文には、娑婆世界の衆生は、「人に弊悪多く、増上慢を懐き、功徳浅薄、瞋濁諂曲にして、心は不実」（法華経412ページ）と嫌悪され、極めて劣悪な機根であると言われています〈注7〉。しかし、地涌の菩薩は、あえてその一番大変な国土である娑婆世界で戦うと誓って出現するのです。

五大州に地涌の「人華」が咲く

だからこそ、地涌の菩薩の志は堅固であり、臆する心がないのです。忍耐強く、いかなる試練にも屈することはありません。相手が誰であれ、恐れず勇気の対話を繰り広げます。そして蓮華が泥沼から清らかな華を咲かせるように、濁世の真っただ中で菩薩の道を貫いていくのです。

わが創価の同志は、その通りの姿で妙法を弘めてきました。

まさしく創価学会は、この娑婆世界を本舞台として立ち上がった地涌の菩薩の集まりそのものです。日本中、いな世界中の大地から呼び出されて出現したのです。

ゆえに戸田先生は、今まさに「化儀の広宣流布」のために、地涌の菩薩が必ず躍り出てくる時であるとし、親しく同志に呼びかけられました。「地涌の菩薩の皆さん、やろうではないか」――と。

地涌の菩薩が涌出した壮観な様を、大聖人は「虚空に星のごとく列なり」(新591ページ・全1350ページ)とも譬えられています。満天のきら星のごとく、偉大な人間群の「星々」が輝くのです。

また、法華経には「人華」という誠に美しい譬喩があります。恵みの雨を受けて百花繚乱と咲き誇る花々のように、私たちもまた、法雨に潤されて「桜梅桃李」の爛漫の華と咲き、社会の大地に平和・文化・教育の豊かな実りをもたらすのです。

現実に今、わが同志が「星々」や「太陽」のように、地域へ、世界へ、希望の光を送り、五大州に地涌の「人華」が咲き誇っている姿は、仏教史上未曽有の慶事といえるでしょう。

エゴイズムの超克が文明の課題に

大歴史家トインビー博士と私の対談のテーマの一つだったのが、いかに人間のエゴイズムを超克するかということでした。

博士は、「利他主義の道をとることは、利己主義とは反対に離れわざのようにむずかしいことです」と言われていました。確かに、その通りです。

私は人間に本来具わる菩薩の生命に触れて、「〝菩薩〟は利他――すなわち、他の人々を救うこと――に喜びを感ずるもの」であると、博士に申し上げました。

まさに、「人のために火をともせば、我がまえあきらかなるがごとし」（新2156ページ・全1598ページ）なのです。人のために行動することは、実は自分のためでもあり、互いの未来を照らすことです。「自利」と「利他」は一体であり、仏法者は、他の人のために祈り動くことで、自身の生命の境涯を大きく広げ、共に人間革命をしていくことができるのです。

したがって、菩薩の行動には、無上の喜びがあります。随喜の連鎖となるのです。「『喜』とは、自他共に喜ぶことなり」「自他共に智慧と慈悲と有るを、『喜』とは云うなり」（新１０６１ページ・全７６１ページ）です。これが大乗仏教、なかんずく法華経の真髄の実践なのです。

戸田先生は、第二代会長に就任された１９５１年（昭和26年）に、「わが学会は、かかるめでたきとき（＝広宣流布の時）に際会したのであるから、不自惜身命の大願をたてて、ここに大折伏を強行するの一大確信に立ち、生きたよろこびを感じて、成仏の道を直行するは、なんたる幸福であろうか」（「創価学会の歴史と確信」）と綴られました。

まさに、学会は地涌の大願によって立ち、自他共の幸福を実現する大乗の精髄に貫かれた仏の世界にほかなりません。

上野尼御前御返事（烏竜遺竜の事）

御文

（新1913ページ・全1580ページ）

経に云わく「もし法を聞くことあらば、一りとして成仏せざることなけん」云々。文の心は、この経を持つ人は、百人は百人ながら、千人は千人ながら、一人もかけず仏に成ると申す文なり。

現代語訳

法華経に「もし法を聞く者があるならば、一人として成仏しない者はいない」と説かれている。文の心は、この経を持つ人は、百人は百人ながら、千人は千人ながら、一人も欠けず仏に成るという文である。

仏法は「無一不成仏」の教え

この「上野尼御前御返事」〈注8〉で、大聖人が引かれているのは、法華経方便品の「若有聞法者　無一不成仏」〈注9〉の文です。一人たりとも成仏できない者はいない——一切衆生の成仏こそ如来の本誓願であるとの大宣言です。

この経文は、法華経こそ「万人成仏」の大法であることを示す重要な文証の一つです。

南条時光の母である上野尼御前は、当時、最愛の末子・五郎を突然の死によって奪われた悲嘆の中にありました。大聖人は、今回掲げた御返事のほかにも、何度もこの経文を引かれて尼御前を激励されています。

さらに、大聖人一門への迫害の中、夫を亡くしながら信心を貫く妙一尼御前に、「冬は必ず春となる」と励まされた直後に示されているのも、この経文です（新１６９６ページ・全１２５３ページ）。

夫の阿仏房を亡くした千日尼にも、この経文を引かれて、「この経をきく人は一人もかけず仏になると申す文なり」（新１７４９ページ・全１３１９ページ）と教えられました。

「無一不成仏」――一人も成仏せざるもの無しです。その「一人」に、どこまでも徹底して関わるのが法華経の心です。この経文が、逆境と戦う女性の門下に多く贈られていることからも、断じてこの人を不幸に沈ませてなるものか、励まさずにおくものか、との大聖人の深く温かいお心が拝されてなりません。

１００人いれば１００人、１０００人いれば１０００人、それぞれ皆、人生も、苦悩も違います。その「一人」に寄り添い、共に同苦し、絶対に救いきるとの慈悲を現代に体現してきたのが、世界中の創価の同志です。学会員は、自身が宿命の嵐や苦難にある中でも、「一人」のために祈り、励まし、行動してきました。だからこそ、学会は仏の慈愛の精神に包まれた麗しい、奇跡とも言うべき生きた「人間主義の和合」を築くことができたのです。

「一人」を大切にする社会へ

創価学会が、世界192カ国・地域にも及ぶ民衆の連帯を築き、世界宗教へと飛翔できたのは、仏法が偉大であり、御本尊に大功力があるからだということは言うまでもありません。

と同時に、どこまでも「一人」を大切にしてきた。「一切衆生」を抽象概念として捉えるのではなく、どこまでも目の前の苦しみ悩む「一人」に向き合い、励まし続けていった。そして、その「一人」がまた別の「一人」の幸福のために共に祈り行動していく。この一対一の「励まし」を積み上げることによって、世界的な地涌のネットワークが築かれたのです。

私自身も、若き日に戸田先生の弟子となり、一対一で、言語に尽くせぬ励ましをいただき、薫陶を受けました。そして、先生が私にしてくださったように、いついかなる時も、いずこにあっても、縁を結んだ友を励ますことに徹してきました。

仏法なかんずく法華経は、あらゆる人々の生命に尊極の仏性が具わっていること、そして、どんな人も必ずその仏性を輝かせていけることを教えています。誰もが本来、尊極無上の「宝塔」です。法華経の眼で見れば、もともと、「尊厳」を具えていない人は、誰一人としていないのです。

「御義口伝」には「宝塔即ち一切衆生、一切衆生即ち南無妙法蓮華経の全体なり」（新１１１１ページ・全７９７ページ）と明かされています。

汝自身の尊厳に目覚めよ！　そして共々に自体顕照の連帯を広げ、全人類の尊厳を輝かせよ！　ここに万人成仏を実現しゆく広宣流布の大ロマンがあるのではないでしょうか。

衆生の闇を滅する「信」の利剣

それは、人権の中核にある「尊厳」の概念とも響き合うものです。その重要性を訴えるドナ・ヒックス博士〈注10〉は長年、アメリカの池田国際対話センターを通じて、SGIとも交流を重ねてこられました。過日、聖教新聞の取材に、博士は語られていました。

「自分と他者、そして世界との間に、尊厳に基づく関係性を築いていく。これこそが、人類の苦しみを取り除き、争い傷つけ合う悲劇を防ぎ、平和な世界を築く力となると信じます」「仏法は、人間の生命深くに備わる価値を引き出す方途を、最も分かりやすい形で説いています」と。

地涌の菩薩こそ、万人尊敬の法華経の精神を体現した行動者です。人間生命の、抜きがたい不信の奥底にある「無明」を、妙法への「信」の利剣で打ち破る勇者です。この人間を苦しめる根源の魔性と戦って、あらゆる苦悩の闇を滅する、「人間讃歌」「生命讃歌」の太陽を昇らせるのです。

ここに私たち創価の使命があります。また、私たち創価の陣列に対する期待があるのです。

いよいよ、地球規模で希望の大光を広げる、地涌勇躍の時代を迎えました。

尊き地涌の同志に、私は贈りました。

断固して
　一人も漏れなく
　　幸福の
人生飾れや
　今世を歩めや

創価の師弟は、奇しき縁に呼び呼ばれて、今、ここに集い合っています。これからも、一人また一人と、尊き使命の炎をつなぎながら、地涌の大連帯をさらに広げていくのです。

いよいよ、創立１００周年が視界に入りました。厳然たる平和勢力として、世界的基盤を完璧に築き上げる大事な10年の出発です。

地涌の大誓願に燃えて、幸福勝利の旅を、人間革命の旅を、師弟共戦の旅を、朗らかに続けていこうではありませんか！

私と共に！　久遠の同志と共々に！

［注　解］

〈注1〉【ゲーテ】ヨハン・ヴォルフガング・ゲーテ。1749年～1832年。ドイツの詩人、作家。代表作に『ファウスト』『若きウェルテルの悩み』など。革新的文学運動を主導し、後に、親交を結んだシラーと共にドイツ古典主義を築き、自然科学の分野でも研究の成果をあげた。引用は、『ファウスト』（相良守峯訳、岩波書店）。

〈注2〉【『人生地理学』】1903年（明治36年）10月、牧口常三郎先生が32歳で著した地理学書。専門分化した従来の地理学の発想ではなく、人間生活で不可分な関係の郷土・環境を総合的にとらえる独創的な視点で観察。その因果関係のなかで、自然と人間の豊かな共生関係等を展開した。日本の地理学研究の方向に画期的な変化を与えたといわれる。

〈注3〉【曽谷入道殿許御書】文永12年（1275年）3月10日、曽谷教信、大田乗明の両人に与えられた書。宗教の五綱を示され、インド・中国・日本の仏法流布の様相を吟味し、末法には地涌の菩薩が出現して妙法五字の要法を弘めると述べられている。

〈注4〉【娑婆世界】迷いと苦難に満ちていて、それを耐え忍ばなければならない世界。

〈注5〉【上行菩薩】法華経従地涌出品第15で、釈尊が滅後の弘通を託すために呼び出した久遠の弟子である地涌の菩薩の上首（リーダー）。神力品第21では、地涌の菩薩の代表として釈尊から付嘱を受けた。

〈注6〉下種とは、「種を下ろす」と読み下す。仏が衆生を成仏に導くさまを植物の種まき・育成・収穫に譬えた、種熟脱の三益のうち最初の種。とりわけ、日蓮仏法は下種仏法であり、成仏の根本法である仏種を説いて、人々に信じさせ、仏性を薫発する下種の実践が大事になる。

〈注7〉（現代語訳）「（この娑婆国は）人々に悪いことが多く、おごり高ぶる心を持ち、功徳は少なく、怒り、生命は濁り、へつらいが多く、心は誠実でない」

〈注8〉【上野尼御前御返事】弘安3年（1280年）11月15日の御述作。法華経は、花（華）菓（果）同時の蓮華と同じく即身成仏の法門であるとされ、遺族の純真な信心が故人・親子一体の成仏の因となると励まされている。

〈注9〉【「若有聞法者　無一不成仏」】「若し法を聞くこと有らば　一りとして成仏せざること無けん」（法華経138ページ）

〈注10〉【ドナ・ヒックス博士】米・ハーバード大学のウェザーヘッド国際問題研究所所属。世界各地の紛争、対立の現場に立ち会った後、人間の「尊厳」が果たす役割について研究を重ね、その分野の第一人者に。２０１１年に発刊された『Ｄｉｇｎｉｔｙ（ディグニティ）』は世界的な注目を浴びた。引用の言葉は聖教新聞２０２０年８月25日付から。

「一人立つ」精神で人間尊厳の凱歌へ

２０２１年（令和３年）は、私が仏教発祥の国インドを初めて訪問してから60年になります。今や、仏法西還の未来記の通り、インドの地涌の宝友が太陽の仏法の輝きで人々を照らしています。

マハトマ・ガンジー〈注１〉の精神を受け継ぐラダクリシュナン博士〈注２〉から伺った、忘れ得ぬエピソードがあります。

――ガンジーが、晩年、よく口ずさんでいた歌がありました。インド独立後の混乱により、対立と紛争が続く街や村を回り、民衆に共存と融和を説いて

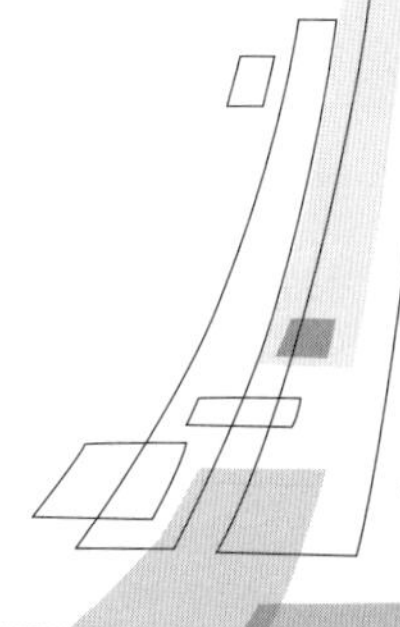

歩く中でのことです。

「苦痛のいかずちの炎で／君の胸に火を点し／ひとり心を燃え上がらせよ
もしも　君の呼びかけに／彼らが応えなくとも　ひとり歩み往け……」

詩聖タゴール〈注3〉の作った歌です。ガンジーはこの歌を胸中に響かせ、迫害も孤立も恐れず、一人戦うことを誇りとして、民衆の中へ飛び込んでいったのです、と。

この逸話を聞いた時、私の胸には、恩師・戸田城聖先生が、牧口常三郎先生の不二の弟子として戦後、たった一人で、広宣流布の旗を高く掲げて立ち上がられた雄姿が浮かびました。

「一人立つ」――これが、創価の師弟が敢然と歩んできた道です。

先師・牧口先生は、常々「羊千匹よりも獅子一匹たれ！」と叫ばれ、「勇気ある大善人が一人いれば、大事を成就することができる」と教えられました。

一人立つ、その「一人」がどれほど大切か。

「日蓮一人」との峻厳なる闘争

日蓮大聖人は、御書の随所に、「日蓮一人」と仰せです。それは、一切衆生を救いゆかれる末法の御本仏としての峻厳な闘争からのお言葉でありましょう。しかし、同時に、この「一人」とは、「唯一人」との御自覚であるとともに、無限の広がりを含んだ「先駆の一人」であるとも拝せます。

「地涌の菩薩のさきがけ日蓮一人なり」（新1790ページ・全1359ページ）、さらに「日蓮一人はじめは南無妙法蓮華経と唱えしが、二人・三人・百人と次第に唱えつたうるなり。未来もまたしかるべし」（新1791ページ・全1360ページ）等々——。

すなわち「日蓮一人」で完結するのではなく、御自身を「先駆け」として、後継の弟子たちが必ず二陣三陣と続くことを宣言されているのです。

大聖人を根本の師匠と仰ぎ、広布と人生の手本とするとき、後に続く一人、また一人が、勝利の道を過たず確実に歩むことができる。その胸中にこそ、何ものにも揺るがぬ「一人立つ」不屈の魂が築かれていくのです。

はじめに、この「一人立つ」精神を、「撰時抄」〈注4〉に書き留められた師子吼を拝して学びたいと思います。

撰時抄

御文

（新204ページ・全287ページ）

王地に生まれたれば身をば随えられたてまつるようなりとも、心をば随えられたてまつるべからず。

現代語訳

王の治める地に生まれたので、身は服従させられるようであったとしても、心は服従させられることはない。

ここで掲げた御文は、三度の国主諫暁をされ、その予言が的中したことを述べられる中にあります。すなわち、大聖人が自ら「三度の高名」と意義づけられた重要な段です。

第一は、文応元年（1260年）の7月16日、「立正安国論」を時の最高権力者・北条時頼に提出され、自界叛逆難と他国侵逼難〈注5〉が起こることを予言されました。

第二は、文永8年（1271年）の9月12日、竜の口の法難の折、平左衛門尉頼綱〈注6〉が武装した軍勢と共に大聖人を捕縛せんとした時に、「日本の柱を倒すのか」と呵責され、重ねて同士討ち（内乱）と他国からの侵略の二難を予言されたのです〈注7〉。

そして第三は、佐渡流罪を勝ち越え、鎌倉に戻られて間もない文永11年（1274年）の4月8日、大聖人は平左衛門尉に対面し、蒙古襲来という他国侵逼難が間近であると、鋭く警鐘を鳴らされたのです。

平左衛門尉は2年半前の法難の時は、狂ったように傲り高ぶっていました。ところが、今度は態度を一変させ、配下の者たちと共に、慇懃に大聖人を迎えていました。しかし、その本音は、諸宗の高僧らと同様に、大聖人を幕府権力の下に取り込めればとの魂胆であったのでしょう。

大聖人は、平左衛門尉に向かって、悠然と、また毅然として言い切られました。

――王の治める地に生まれたので、身は服従させられるようであるかもしれないが、わが心が服従させられることは断じてない、と。

まさしく精神の大王者の師子吼であります。

「思想・良心の自由」を宣言

約半世紀前、「世界人権宣言」〈注8〉20年を記念し、ユネスコが『語録 人間の権利』という書物を編纂しました。「人権」に関する古今東西の英知の箴言を集大成した本です。

実は、この中に、大聖人の御聖訓が収められておりました。

それが、「撰時抄」の「王地に生まれたれば身をば随えられたてまつるようなりとも、心をば随えられたてまつるべからず」です。第3章「権力の制限」の「条件つきの服従、至高の良心」という項目に配され、「権力の限界」との見出しが付けられています。

確かに、13世紀に放たれた、世界史に不朽の「至高の良心」の宣言といえましょう。「信教の自由」、また「思想・良心の自由」の不可侵の意義が明示されており、大聖人の精神闘争は、人類普遍の人権思想と深く響き合っているのです。

大聖人は、さまざまな御書で、この不撓不屈の魂を弟子たちが受け継いでいくよう、打ち込まれています。

法華経の信心ゆえに、地頭の権力によって、寺を追放された門下を擁護するため、大聖人が代筆して法華経の正義を訴えられた陳状（下山御消息〈注9〉）の中では、門下の不退の決意を、「たとい身は随うように候えども、心は一向に用いまいらせ候まじ」（新３０１㌻・全３６３㌻）と代弁されています。

まさに大聖人が平左衛門尉に言い放たれた師子吼と同趣旨の言葉を、そのまま迫害を耐え抜く弟子の覚悟とされているのです。

そして、〝身は従えられても、心まで従えられはしない〟との不服従の戦いをそのまま体現していったのが、大聖人と一度もお会いしたことのない熱原の農民たちでした。

不当逮捕され、鎌倉に連行された神四郎たち熱原の民衆は、平左衛門尉らの暴力の脅迫によって「法華経を捨てよ」と責められ、命を奪われようとしても、〝わが信仰を絶対に捨てない〟と屈服しませんでした。

大聖人は、その様子を「『彼ら御勘気を蒙るの時、南無妙法蓮華経、南無妙法蓮華経と唱え奉る』云々。ひとえに只事にあらず」（新1938ページ・全1455ページ）と感嘆の念をもって記されています。

熱原三烈士の殉教は、権力者の強制をもってしても、魂まで侵すことはできないという人間尊厳の凱歌を、不滅の金文字で広布の歴史に刻印したのです〈注10〉。

日蓮仏法の魂を学会が継承

現代において、この偉大な「魂の凱歌」を受け継いでいるのが、創価の師弟です。

戦時中、軍部政府が国家神道と結びついて思想統制を推し進め、人々の内面まで支配した時代――宗門が正法正義を曲げて迎合する中、牧口先生は、神札を祭ることを厳然と拒否するなど、国家神道に従うことを断固として退けられました。これを治安維持法違反と不敬罪として、軍部政府は学会に苛烈な弾圧を加えてきた。牧口先生は投獄。戸田先生も投獄です。同じく牢に入った幹部が次々に退転する中で、お二人だけが不退転を貫き、ご高齢の牧口先生は獄中で殉教されました。学会創立の日と同じ11月18日でした。

生きて出獄した戸田先生は、この先師の遺志を継ぎ、ただ一人、妙法流布の大願に立ち上がられたのです。なんと崇高なる人間の魂の勝ち鬨であり、生死を超えた精神の灯火の継承の劇でありましょうか。

今、東京・八王子市の東京牧口記念会館には、創立の師父・牧口先生の「座像」があります。1995年1月2日に除幕式が行われました。

彫刻家の今里龍生氏〈注11〉が、高齢をおして、「自分の命をかけて創るのだ」と完成された、渾身の名作です。今里氏は、座像の背面に、大きく「不退」の二字を刻まれていました。

〝身は従えられても、心まで従えられはしない〟――いかなる権威にもなびかず、いかなる権力にも依らず、この創価の不退の魂を、私たちは永遠に燃やし続けてまいりたい。

「魂の独立」から30年――

さて、2021年11月28日で、創価学会が、腐敗堕落した宗門（日顕宗）と決別し、「魂の独立」を果たしてから30周年となります。

「『大願』とは、法華弘通なり」（新1027ページ・全736ページ）との仰せのごとく、「万人成仏の大法」たる日蓮大聖人の仏法を全世界に広宣流布してきたのは創価学会しかありません。

誰もが妙法の当体であり、尊極な仏の生命を具えた存在です。一人ももれなく、その無限の可能性を開花させ、必ず人間革命して確かな幸福境涯を築いていけることを、勇気をもって忍耐強く、説き弘めてきたのです。

この創価の師弟の信心が、御本仏直結の「正しい信心」であったがゆえに、「僭聖増上慢」、そして「第六天の魔王」の働きが現実に、紛然と競い起こったのです。それが、あの第２次宗門事件であったといってよい。

宗門は、大聖人のお心に違背し、理不尽な僧俗差別を進め、民衆を蔑視しました。「人間のための宗教」「民衆のための宗教」を否定し、衣の権威を振りかざし、僧侶への隷属を強いる「権威のための宗教」の魔性を現していった。まさしく転倒であり、堕落です。

仏法の因果は厳しい。その後、宗門は没落し、学会は世界１９２カ国・地域へと大発展してきたのは、皆さんがよくご存じの通りです。

「心をば随えられたてまつるべからず」であり、「智者に我が義やぶられずば用いじとなり。その外の大難、風の前の塵なるべし」(新1114ジペー・全232ジペー)なのです。

正しき信心がある限り、何ものにも破られません。学会員は皆、それを知っているから、強い。負けない。微動だにしなかった。どこまでも明るく朗らかです。ここに、創価学会が、世界宗教へと飛翔を遂げた強靱なる精神の翼があります。

この確固たる人間凱歌の信仰をもって、荒波のような末法の現実世界に勇んで生き抜き、自他共の幸福を勝ち開いていく主体者、行動者こそ「地涌の菩薩」です。つまり、わが親愛なる創価の同志なのです。

治病大小権実違目

御文

（新1330ページ・全996ページ）

今、本門と迹門とは、教主すでに久・始のかわりめ、百歳のおきなと一歳の幼子のごとし。弟子また水火なり。土の先後いうばかりなし。（中略）詮ずるところは、天台と伝教とは内には鑑み給うといえども、一には時来らず、二には機なし、三には譲られ給わざる故なり。今、末法に入りぬ。地涌出現して弘通あるべきことなり。

現代語訳

今、（法華経）本門と迹門とは、教主に久遠実成と始成正覚の違いがある。たとえば百歳の翁と一歳の幼子のようなものである。

仏の弟子もまた水と火ほどの違いがある。その仏と弟子が住む「国土」の先後も言うまでもない。（中略）

つまり天台と伝教とは、心の内では心得ていたけれども、第一には時が来ないため、第二には聞くべき機根の人がいなかったため、第三には仏からその法門を流布することを託されていなかったため、明らかにしなかった。

今は末法に入った。地涌の菩薩が出現して、本門の法華経を弘通するはずである。

「治病大小権実違目」〈注12〉では疫病が蔓延し、多くの人々が亡くなるという危難の中で、大聖人がお一人、「法華経の行者」として厳然と戦っていることを示されています。

本抄の展開に沿って言えば、病には二つ、疫病などの「身の病」と、誤った思想などを信じ迷う「心の病」がある。そして、この正邪転倒する末法濁世で「心の病」に苦しめられている民衆を救い切る、最勝の教法こそが法華経です。しかし、その法華経にも「本門」と「迹門」の区別があると説かれたのが、拝読御文のある段です。

法華経の本門では、「教主(仏)の境地」も、「弟子の使命」も、そして「国土の捉え方」も、迹門とは水火天地の違いがある。

迹門の教主は始成正覚の釈尊であり、本門の教主は久遠実成の釈尊です。

迹門の弟子は二乗の仏弟子や迹化の菩薩であり、本門は本化地涌の菩薩です。

「土の先後いうばかりなし」とは、仏の住む国土も、水火の違いがあるということです。

爾前迹門の立場では、娑婆世界を嫌います。すなわち凡夫の住む苦悩に満ちた現実世界を穢土（汚れた国土）として厭い、遠い別世界に清らかな仏国土があるとしてきました。西方極楽浄土などがそうです。しかし、どんなに荘厳された世界であっても、それが現実を離れた世界であれば、結局、今を生きる人間にとっては無縁といえます。

どこまでも、現実の世界へ

ところが、法華経本門の寿量品には、「我は常に此の娑婆世界に在って、説法教化す」（法華経479ジペー）とあります。別の世界ではない、この苦悩に満ちた娑婆世界に生きる人間を救うために、法を説き続けてきたというのです。

いうなれば、法華経の本門の立場は、永遠の生命に則りながら、どこまでも、現実の人間と共にあれ！　現実の社会の中で生き抜け！　現実の世界を離れるな！　です。

そこで最も大事なことは、この末法の娑婆世界で、現実の上で、いったい誰が、法華経を弘めるのかという問題です。

御文では、天台や伝教が内心は知りつつも、「時が来ていない」等の理由で説かなかったことを明らかにされた。しかし、その上で「今まさに末法に入った」と言われ、いよいよ「法華経を弘める人」を明かされるのです。

すなわち、「地涌の菩薩が出現して、法華経を弘通するはずである」と。

この地涌の菩薩こそ、本門の教主の真実の「弟子」にほかなりません。

しかし、末法に正法を弘めれば、難が競い起こることは必定です。本抄にも「大難また色まさる」（新1333ページ・全998ページ）と仰せの通りです。

その中で、まず「一人」立ち上がり、恐れず、負けず、屈せず、粘り強く、一人また一人へと、正法を説き続けるのです。その使命を担うのは本門の教主・釈尊ではなく、実は、弟子である地涌の菩薩なのです。

では、さらに一重問いを深くして、この地涌の菩薩とは、現実には誰のことか――。

「我、地涌の菩薩」との大誓願

大聖人は、御自身こそが、大難を忍び、その地涌の菩薩の実践修行をしているのだと示されています。と同時に、大聖人の弟子・門下も、そして「霊山一会儼然未散」の宿縁で結ばれた末弟もまた、広布の大誓願によって呼び出された地涌の菩薩なのです。

現代において、大聖人の「地涌出現して弘通あるべきことなり」との御聖訓のままに、妙法を世界中に弘めてきたのは創価の師弟だけです。戸田先生が獄中で「我、地涌の菩薩なり」と覚知され、私たちに伝授してくださった通り、なんとありがたく、なんと尊い使命でしょうか。

「法自ずから弘まらず、人法を弘むるが故に、人法ともに尊し」（新2200ページ・全856ページ）と仰せです。

地涌の菩薩は「難問答に巧みにして　其の心に畏るる所無く　忍辱の心は決定し」（法華経472ページ）、妙法を弘めるために、この娑婆世界を、歩いて、歩き抜くのです。語りに語り抜くのです。戦って、戦い抜くのです。

そして、人々の心田に「平和の種」「幸福の種」「信頼の種」をまいていく。人間らしく生きる希望の光を、あらゆる人々の心の中へ届け、この社会を照らしていくのです。

精神の触発作業こそ地涌の本領

1975年（昭和50年）、広島・長崎への原爆投下の悲劇から30年の年、私は広島の地で、人類の生存を脅かす核兵器の廃絶をあらためて訴え、提言をしました〈注13〉。また、こうも呼びかけました。

「創価学会の社会的役割、使命は、暴力や権力、金力などの外的拘束力をもって人間の尊厳を犯しつづける〝力〟に対する、内なる生命の深みより発する〝精神〟の戦いであると位置づけておきたい」と。

この権力の魔性の力に対する「〝精神〟の戦い」は、いわば民衆の真っただ中に飛び込んでの肉弾戦です。

私は言葉を継ぎました。

「民衆一人ひとりに肉薄していく作業は、一見地味であり、地道な忍耐強い戦いが求められます。しかし、偉大な仕事をするには時間がかかる。人間対人間の触発をとおして、自他の生命をみがきあげるという開拓作業が、一朝一夕に成就しうるものではありません。だからこそ、結果としてもたらされるものは、いかなる風雪にも朽ちることのない金剛不壊なる生命の輝きなのであります」

この「人間対人間の触発」「自他の生命をみがきあげる開拓作業」こそ、地涌の菩薩の実践の本領と言えないでしょうか。

戸田先生は、社会の改革といっても、結局、人間が変わる以外にない。人間が善くなる以外にないのだ、と言われました。この新しき「人間革命」運動の世界的広がりによってこそ、人類の境涯を高めていけるのです。

「人間のための宗教」を世界に

日蓮大聖人の仏法は、どこまでも「人間のための宗教」です。人間自身の中に尊極の価値、宇宙をも包み返す広大さ、国家権力にも負けない強靱さを見出す宗教であり、人間自身を強く、善く、賢くする「人間革命の宗教」です。

私たちが掲げる「仏法の人間主義」とは、その確かな生命変革の哲理に裏付けられたものです。

私が共に対談集を出版した、トルコ出身の文化人類学者ヌール・ヤーマン博士〈注14〉は、私どもの人間主義について「高次の人間主義（Higher

Humanism)」と呼ばれていました。

人類待望の希望の行進を共々に

創価学会の「魂の独立」から30年。人類はいよいよ「人間主義の世紀」「生命尊厳の世紀」「人間讃歌の世紀」を待望しています。今こそ人間尊厳の魂の凱歌を世界に響かせましょう！　我ら創価の師弟の前進は、間違いなく、人類の歴史の底流を変え、希望の未来を開拓しているのです。

さあ、わが地涌の同志よ！　人類の宝と輝く青年たちよ！　誓願の天地から、勇気をもって一人立とう！　今再び、久遠よりの仲間たちと共に、強く朗らかに出発しよう！

［注解］

〈注1〉【マハトマ・ガンジー】1869年～1948年。インドの政治家、民族運動の指導者。サティヤーグラハ（真理の把握）と呼ばれる非暴力の不服従運動を展開。インド民族運動の指導者として、詩人タゴールにより、「マハトマ（偉大な魂）」と呼ばれた。

〈注2〉【ラダクリシュナン博士】1944年～。インド・ケララ州生まれ。アンナマライ大学で博士号を取得。ガンジーの研究を通じて平和運動に携わる。1990年～2001年、国立ガンジー記念館館長を務める。著書に『池田大作　偉大なる魂』『ガンジー・キング・イケダ――非暴力と対話の系譜』など。池田大作先生との対談集に、『人道の世紀へ　ガンジーとインドの哲学を語る』がある。ガンジーのエピソードも同書から。

〈注3〉【タゴール】1861年～1941年。インドの詩人・思想家。インドの近代化や独立、東西文化の融合のために戦う。著書に小説『ゴーラ』、詩集『ギタンジャリ』など。1913年、東洋初のノーベル文学賞受賞。

〈注4〉【撰時抄】建治元年（1275年）、日蓮大聖人が身延で御述作になり、駿河国西山（静岡県富士宮市西山）に住んでいた由井（由比）氏に送られた書。五大部の一つ。闘諍言訟・白法隠没の末法に、法華経の肝心である南無妙法蓮華経の大白法が日本および全世界に流布することは疑いないのであり、その主体者こそが大聖人御自身であるとして、「日蓮は閻浮第一の法華経の行者なり」（新175ページ・全266ページ）等と宣言されている。

〈注5〉【自界叛逆難・他国侵逼難】薬師経に説かれる七難のうちの二難。「自界叛逆難」とは、仲間同士の争い、内乱などの難のこと。「他国侵逼難」とは、他国から侵略を受けるという難。「立正安国論」の御執筆当時、まだ起きていなかった二難を日蓮大聖人は予言し、それぞれ二月騒動、蒙古襲来という形で的中した。

〈注6〉【平左衛門尉頼綱】？〜1293年。北条時宗、貞時の二代に仕え、内管領として得宗家の家政を統括し、また侍所の所司（次官）として軍事、警察を統括するなど、鎌倉幕府の政治上の実力者として権勢をふるった。日蓮大聖人を迫害し、門下を弾圧した。

〈注7〉「種々御振舞御書」に、「日蓮によりて日本国の有無はあるべし。譬えば、宅に柱なければたもたず、人に魂なければ死人なり。日蓮は日本の人の魂なり。平左衛門、既に日本の柱をたおしぬ。只今、世乱れて、それともなくゆめのごとくに妄語出来して、この御一門どしうちして、後には他国よりせめらるべし。例せば、立正安国論に委しきがごとし」（新1238ページ・全919ページ）とある。

〈注8〉【世界人権宣言】1948年12月10日、パリで開かれた第3回国連総会で採択された。すべての人民とすべての国が達成すべき人権の基準として布告された30条からなる宣言。

〈注9〉【下山御消息】建治3年(1277年)6月、日蓮大聖人が、門下の因幡房日永のために代筆され、甲斐国巨摩郡下山郷(山梨県南巨摩郡身延町下山)の地頭・下山兵庫五郎光基に送られた弁明書(新272ペー・全343ペー)。十大部の一つ。下山光基の氏寺である平泉寺に住む僧・日永は、日興上人を通じて大聖人に帰依し、法華経如来寿量品の自我偈を読誦するようになった。しかし念仏の信者であった下山光基の怒りを買い、平泉寺を追放されたため、大聖人が本抄を執筆された。

〈注10〉一方、平左衛門尉はその後、権力の頂点を極めたが、農民門下の尋問から15年目に、謀反を企てたとして、次男・助宗とともに滅ぼされ、長男・宗綱は佐渡流罪となった。日興上人は「法花(華)経の現罰を蒙れり」と記している。

〈注11〉【今里龍生】1907年~1999年。東京大学名誉教授。代表作に国立科学博物館でかつて展示されていた「恐竜」がある。東京牧口記念会館に隣接する牧口記念庭園に設置されている戸田城聖先生の胸像も、同氏の作品。

〈注12〉【治病大小権実違目】「治病抄」ともいう。富木常忍が疫病の流行を報告したことへの御返事。弘安元年(1278年)の御執筆と考えられる。謗法の重病を治すことができるのは法華経だけであるとして、仏法の勝負を決して災難を止めるべきであると述べられている。

〈注13〉１９７５年（昭和50年）11月9日、広島市の県立体育館で開催された第38回本部総会で池田大作先生は、核廃絶への本源的な底流を形成する戸田城聖先生の原水爆禁止宣言を全世界に広めていくこと、さらに核兵器全廃のための全世界首脳会議の開催、核の平和利用への厳重監視などを提言した。

〈注14〉【ヌール・ヤーマン博士】１９３１年～。トルコ・イスタンブール出身。アメリカの文化人類学者。ハーバード大学名誉教授。イスラム教や仏教、ヒンドゥー教など宗教と社会の研究で知られる。池田大作先生との対談集に『今日の世界　明日の文明』（『池田大作全集』第140巻収録）がある。

明日を築く――次代担う人材育む聖業

〽我れ今あとを　継がんとて
心凜々しく　時待たん……

「正義の走者」は、〝広布のバトン〟を託しゆく絆の友に贈った「後継の歌」です。

1978年（昭和53年）7月、学会への嵐が吹き荒れていた渦中、私が岡山の地で作詞しました。

その時、私は未来部の友に語りました。「艱難を自ら求め、乗り越えていく『正義の人』になってほしい。皆がその約束を果たすかどうか、私はじっと見守っているよ」と。

続いて訪れた四国で曲が完成し、8月3日に東京・立川文化会館で行われた第11回高等部総会の席上、披露されました。

素晴らしい歌声を響かせてくれた鳳雛たちも、今では、広布と社会のリーダーへと成長し、各地で活躍しています。世界的な医学者となって人々に貢献している友もおります。

世界に広がる後継と信念の道

私は、愛弟子たちが信念の道を貫き、一人も残らず真実と勝利の人生を走り抜いてくれることを信じて、この歌を贈りました。その真情は、今も変わりません。

2010年（平成22年）7月に、歌詞に新たに筆を加えた「正義の走者」が、「未来部歌」として歌われていくことが決まりました。

その後、「英語版」も発表され、今では日本だけでなく、世界の若人が「正義の走者」を高らかに歌い上げてくれています。

その凛々しき姿に、「人類の明日」「未来の希望」を見る思いがします。

それとともに、私と同じ心に立って、未来部員と一緒に「正義の走者」を歌い、人材を創る聖業に真剣に取り組んでくれている各地の宝友に、深い感謝を申し上げたい。

今、混迷を深める現代社会において、リーダーの最大の焦点は、「人材の育成」です。

学会は、常に青年を励まし、青年を尊重してきました。人材を育てることが、仏意仏勅の学会を永遠ならしめ、広宣流布の流れを、より盤石なものにするからです。

今回は、後継者育成の要諦について、御書を拝しながら確認していきたいと思います。

諸法実相抄

御文　（新1791ページ・全1360ページ）

釈迦仏・多宝仏・十方の諸の仏菩薩、虚空にして二仏うなずき合い、定めさせ給いしは別のことにはあらず。ただひとえに末法の令法久住の故なり。既に、多宝仏は半座を分かちて釈迦如来に奉り給いし時、妙法蓮華経の旛をさし顕し、釈迦・多宝の二仏、大将としてさだめ給いしこと、あにいつわりなるべきや。しかしながら我ら衆生を仏になさんとの御談合なり。

現代語訳

釈迦仏、多宝仏、十方の諸仏・諸菩薩が虚空会にあって、釈迦・多宝の二仏がうなずき合い、定められたのは別のことではない。ただ、ひとえに末法における令法久住のためである。

すでに多宝仏が半座を分けて釈迦仏に譲られた時、妙法蓮華経の旗をさし顕して、釈迦・多宝の二仏が大将として定められたことが、どうしていつわりであろうか。

全て、われら衆生を仏にしようと、協議されたことである。

虚空会の儀式は令法久住のため

初めに拝するのは、「令法久住」について述べられた「諸法実相抄」〈注1〉の一節です。

令法久住とは、法華経見宝塔品第11の文で、「法をして久しく住せしめん」（法華経387ページ）と読みます。未来にわたって妙法を伝えていくことです。

日蓮大聖人はこの御文で、法華経の虚空会の儀式〈注2〉が何のために行われたかを明らかにされています。

まず、釈迦・多宝の二仏が宝塔の中で並座したのは、ひとえに「末法の令法久住」、すなわち「末法広宣流布」のためであったと明かされています。

「未来の一切の仏子」に与える

そして、釈迦・多宝の二仏は、「妙法蓮華経の旛」を掲げ、一切衆生を仏にしようと合議したと示されているのです。

「開目抄」では、この見宝塔品で、釈迦・多宝に加えて無数の仏が集った理由について、「未来に法華経を弘めて未来の一切の仏子にあたえんとおぼしめす」（新120ページ・全236ページ）と仰せです。〝未来の一切衆生を永遠に救う〟との仏たちの熱願が拝されてなりません。

そもそも法華経は、どこまでも一切衆生の成仏のために説かれた経典です。この仏の願いを受け継ぎ、末法に出現された大聖人は、法華経の肝心であり、万人成仏の根本法である「南無妙法蓮華経」を説き明かし、生涯をかけて弘められました。

その上で重要なことは、この人類救済の大法を、誰が継承し、万人に伝えていくかという一点です。

二陣、三陣と後継の陣列を

大聖人は、「日蓮一人はじめは南無妙法蓮華経と唱えしが、二人・三人・百人と次第に唱えつたうるなり。未来もまたしかるべし」（新1791ページ・全1360ページ）と仰せです。さらに「わとうども二陣三陣つづきて」（種々御振舞御書、新1227ページ・全911ページ）と仰せになり、門下が後に続くことを促されました。この一節は、恩師・戸田城聖先生が二重丸を付して拝されていた御文です。

妙法流布の主体者とは、大聖人に連なり、自ら決意して「後継者としての自覚」に立つことが第一の要件です。

二人、三人、百人へと、不二の陣列を築き、広宣流布の主人公が陸続と涌現する――。学会の運動は、常にこの原点から出発して、人材を育成し、それを営々と積み重ねて、今日の壮大な発展が築かれたのです。

そして現在、本格的な世界広布新時代に入り、未来部・青年部の育成は、ますます重要になっています。若き地涌の生命こそ、太陽の仏法で世界を照らし、平和と共生の次代を創りゆく〝未来の光源〟だからです。

私は、そうした今日の学会を展望し、第三代会長就任後に、最初の部として高等部を結成しました（１９６４年〈昭和39年〉）。さらに中等部、少年部を結成し、最優先で〝創価の若竹〟を育み、激励に当たってきたのです。

人と人の触発の中で成長

戸田先生は、こう教えられました。

「子どもたちを、一人前として尊重しなくてはいけない。たとえ今は分からないようでも、後で会合に参加したことや激励されたことを思い出すものだ。目で見て、耳で聞いて、体で覚えることが大切なのだ」と。

私も、未来部の友には、常に「若き同志」との尊敬の心を持って接してきました。

子どもを学会の庭で育てていくというのも、恩師の指導です。

今、未来本部はじめ学会総体で後継者を育む新たな息吹が高まっています。

両親や祖父母をはじめ、地域の同志が未来部員の可能性を信じ、祈り、励ましの声をかけています。その真心は未来部員の心に必ずや、「希望の種」「成長の種」「勝利の種」となって深く刻まれていくことでしょう。

仏法では、「良き友」のことを「善知識」〈注3〉と説きます。御書には「仏になるみちは善知識にはすぎず」（新1940ページ・全1468ページ）と仰せです。学会は善知識の集いです。

人と人の触発の中にこそ成長があります。未来部員も、会合などで触れ合う良き先輩や同世代の友の姿や話から、大いなる触発を受けます。

なかんずく広布の前進の中で、学び得たことは、人生を切り開く力となる。だからこそ、私たちは日ごろから、未来部員が学会に、同志に、そして妙法に縁する善の機会を広げ、増やしていくことです。その弛みない実践が、創価の未来を開拓するのです。

戸田先生は、「子どもは未来の宝だ。未来からの使者だと思って大事にしなさい」とも言われました。

現在の未来部員は、学会創立100周年から、次の200周年へ向かう世界広布を担い立つ、深き宿縁の使命を持った一人一人です。

戸田先生は最晩年、「もう何もいらない。ただ人材が欲しい」と語られていました。今、私も同じ思いです。「未来の果を知らんと欲せば、その現在の因を見よ」（新112㌻・全231㌻）との思いで、日々、創価の若人たちの成長を何よりうれしく、また、頼もしく見つめています。

上野殿御返事（神主等庇護の事）

御文 （新1901㌻・全1565㌻）

しばらくの苦こそ候とも、ついにはたのしかるべし。国王の一人の太子のごとし、いかでか位につかざらんとおぼしめし候え。

現代語訳

しばらく苦しみが続いたとしても、最後には、必ず楽しい境涯になるのである。

たとえば、国王のたった一人の太子のようなものであり、どうして、最後には（国王の）位につかないことがあるだろうか、必ずそうなると確信されるがよい。

次に拝するのは、師弟に生き抜いた青年門下である南条時光〈注4〉に送られた御聖訓です〈注5〉。時光は、〝未来部〟の出身ともいうべき、模範の門下です。

時光少年が、大聖人と初めてお会いしたのは、父親を亡くした直後のことだったといわれます。時光はまた、兄も失い、若くして母を支え、一家の柱となりました。信仰ゆえの迫害や中傷を受け、幕府から不当に多くの負担を強いられました。弟の不慮の死や自身の大病も続きました。

そうした苦難の連続でも、信心を貫き通すことができたのは、大聖人の度重なる励ましがあったからに他なりません。

大聖人は時光に、「難を乗り越える信心」の重要性を繰り返し教えられ、「師子王の心」を打ち込まれたのです。この大聖人の薫陶を受けて、時光は「熱原の法難」の際も、同志をかくまうなど、矢面に立って勇敢に戦い抜きました。

信仰とは不屈の勇気と強き信念

この一節は、法難によって逆境の中にいる青年に送られた御文です。大聖人は時光に、しばらくの間は苦しいことがあったとしても、最後には必ず「楽しい」という境涯になると仰せです。それは、例えて言えば、国王のたった一人の太子が必ず、国王の位につくのと同じようなものだと示されています。

“今はどんなに苦しくとも、未来には必ず勝利する、そうならないはずがない、否、断じてそうしていけるのだ”という大確信からのお言葉です。「冬は必ず春となる」（新1696ページ・全1253ページ）との仰せと軌を一にしています。

信心とは不屈の勇気です。断固として諦めないという強き信念です。使命が大きいからこそ、苦労も大きい。しかし、歯を食いしばって戦い切ったことが、自分自身の生命を、王者の如く荘厳していくのです。

青年に贈られた栄光の「人間学」

時光に対する大聖人の仰せは、「慈父」の如きであり、その言々句々は、「人生の大先輩」として、さらに「仏法の師匠」として、信仰の大境涯から放たれたものでした。

　大聖人は時光に、苦難や試練をいかにして乗り越え、勝ち開いていくかという、「栄光の人間学」「希望の幸福学」「人生の勝利学」を打ち込まれたのです。

　とりわけ信仰の基本として訴えられたのは「不退の信心」です。

「聴聞する時はもえたつばかりおもえども、とおざかりぬればすつる心あり。水のごとくと申すは、いつもたいせず信ずるなり」（新１８７１ページ・全１５４４ページ）と仰せのように、いかなることがあっても、水の流れるような「持続の実践」こそ成仏の道であることを教えられています。

　また、家督を継いで一家の全責任を担い立つ時光に、「法華経を持つ人は、父と母との恩を報ずるなり。我が心には報ずると思わねども、この経の力にて報ずるなり」（新１８５２ページ・全１５２８ページ）と仰せです。

　法華経は万人成仏の法を明かしています。法華経に生き抜く時、最も身近で最も恩ある父母を包み込み、ゆるぎない幸福の軌道へと導けることは、絶対に間違いありません。一番大切な人を守る力が自然と、そして厳然と具わるのです。

変毒為薬の希望の「幸福学」

「熱原の法難」の渦中には、「願わくは、我が弟子等、大願をおこせ」「おなじくは、かりにも法華経のゆえに命をすてよ。つゆを大海にあつらえ、ちりを大地にうずむとおもえ」（新１８９５ページ・全１５６１ページ）と激励されています。

さらに時光自身が病に倒れた際には、時光の信心が深まり、成仏することは間違いないからこそ、それを妨害しようとする魔の働きとして、このたびの病気が生じたのであると述べられています。そして、「また鬼神めらめ、この人をなやますは、剣をさかさまにのむか、また大火をいだくか、三世十方の仏の大怨敵となるか」（新１９３１ページ・全１５８７ページ）と大聖人自らが直接、病魔を厳しく叱咤し、時光が生命力を奮い起こすように励まされています。

当時は、大聖人御自身も病と闘われている最中でした。烈々たる御文からは、病魔と闘う若き弟子を何としても救いたい、勝利させずにおくものかとの御本仏の大慈大悲を痛いほど感じます。

このように、大聖人が一貫して教えられたのは、信心根本の「勇気」です。また、いかなる苦難や労苦も全て変毒為薬〈注6〉し、幸福になっていけるという絶対の「希望」であったとも拝されます。

恩師「信仰に必要なものは確信」

戸田先生は、「生活といい、信仰といい、最も必要なものは何か。それは確信である。我々は、大聖人の絶対の御確信こそを、最高にして最大のものとしていくのだ」と語られていました。

また、「焦らずに信心していくんだよ。信心で、どんなことも必ず幸福の軌道に乗る。祈りとして叶わざるはなく、どんな悩みも解決できる」とも指導されました。

1964年（昭和39年）、高等部の結成式に際して私が強調したのは、「信心に励み、題目を唱えきって、最高の生命の哲学である仏法を、人生の根本の思想にしていっていただきたい」ということでした。

広宣流布は、一人一人が「人間革命」し、「自他共の幸福」を実現しゆく運動です。人類の宿命を転換するための壮大にして遠大なる挑戦です。妙法を持った若人は、この大闘争に連なるのです。それが、どれほど偉大なことであるか――。私たちが誠実に訴えれば、未来部員の魂に、そうした学会の崇高な使命が必ず届きます。

戸田先生はよく、「子どもは、いつも理想をもって引っ張っていってあげなさい」とも言われました。広宣流布という人類の大理想を実現しゆく団体は、創価学会以外にありません。この大誓願を、自らの行動で示し、伝えていくことが後継育成の第一歩です。

宗教は人間復権の機軸

アメリカ・デンバー大学のナンダ博士〈注7〉は、私との対談の中で、「私は『本来、宗教は、社会に貢献していく存在でなければならない』と考えています」と明言されました。

また、博士は宗教の意義について、こう語られました。

「宗教は、人間を人間たらしめる思想です。人間が最も高貴な考えに立って、人生を生きることを教えた思想なのです」

「宗教は、政治であれ、教育であれ、日々の生活であれ、それぞれの分野で善を行うことを、人々に促すものなのです。ゆえに宗教は、人生において決して避けて通ることのできない存在なのです」

宗教は、人間復権の機軸です。ゆえに、その宗教が人間を強くするのか、弱くするのか。善くするのか、悪くするのか。賢くするのか、愚かにするのか。

ハーバード大学の講演〈注8〉でも申し上げたように、ますます、時代は、人間主義の宗教を求めています。

アメリカ・デンバー大学のベッド・P・ナンダ博士と人間復権の宗教の意義をめぐる語らい（1997年9月、東京・信濃町）

その宗教を未来へ流れ通わしていく主人公こそ、最高の生命哲学を持つ青年なのです。

仏法の焦点は、どこまでも「人」

御書に、「一切の草木は地より出生せり。これをもって思うに、一切の仏法もまた人によりて弘まるべし」（新516ページ・全465ページ）と仰せのように、仏法の焦点は、どこまでも「人」です。偉大な「法」があっても、それを受持し、弘める人がいなければ、法がその力を発揮することはできません。

大聖人は、「伝持の人無ければ、なお木石の衣鉢を帯持せるがごとし」（新610ページ・全508ページ）とも仰せです。ゆえに、妙法を受け継ぎ、弘めていく「伝持の青年」が重要になるのです。

学会は、人間教育、世界市民教育の学びやです。人間革命の仏法は、全人類の境涯を高めます。〝人間が人間らしく生きる世界〟を築いていく希望が、こここにあるのです。

人生の勝利を決する若き日の歴史

新世紀に入ってまもなく、私は未来部を担当する友に指針を贈りました。その言葉を今、未来部の育成に関わる全ての同志にあらためて贈ります。

若き日の
深き歴史は
人生の勝利を決する。
未来部を励ませ！
大生命力を届けよ！

――未来本部をはじめ、後継の育成に尽力されている尊き皆さまの労苦に心から感謝し、健康と長寿、一家の栄光勝利を祈ります。

［注　解］

〈注1〉【諸法実相抄】文永10年（1273年）5月、最蓮房に与えられたとされる書。「諸法実相」についての質問に対し、仏法の甚深の義を説かれている。弟子一門に対して、日蓮大聖人と同意ならば地涌の菩薩であるとされ、広宣流布は必ず達成できるとの確信を述べられている。

〈注2〉【虚空会の儀式】法華経の見宝塔品第11から嘱累品第22までの説法の会座は、仏と全聴衆が虚空（空中）で行われたので「虚空会」という。見宝塔品第11で宝塔が出現した後、従地涌出品第15で地涌の菩薩が大地の底から召し出され、如来神力品第21で上首・上行菩薩をはじめとする地涌の菩薩に、滅後の弘教が付嘱された。

〈注3〉【善知識】正直・有徳の友人。悪知識に対する語。人を仏道に導き入れる者のこと。

〈注4〉【南条時光】1259年～1332年。駿河国・上野郷（静岡県富士宮市）で活躍した門下。南条兵衛七郎の次男。7歳で父を亡くしたが、日蓮大聖人の身延入山以来、親しく御指導を受け、弘安年間の熱原の法難では外護に尽くし、「上野賢人」との称号を賜っている。

〈注5〉上野殿御返事。弘安3年（1280年）7月の御述作。熱原の法難の余波が続く中、迫害に対する注意を述べられている。若き南条時光に、法華経の実践者は未来永劫の大楽を受けられるのだから、今生の一時の苦難を忍ぶようにと励まされている。

〈注6〉【変毒為薬】「毒を変じて薬と為す」と読み下す。妙法の力によって、煩悩・業・苦の三道に支配された生命を、法身・般若・解脱という仏の三徳の生命へと転換することをいう。

〈注7〉【ナンダ博士】ベッド・P・ナンダ。１９３４年～。世界法律家協会名誉会長（元会長）。デンバー大学の教授、副学長、同法科大学院国際法研究プログラム部長。国際刑事裁判所設立プロジェクトの顧問を務めたほか、核兵器の使用・威嚇の違法性の是非を問う「世界法廷プロジェクト」等を推進。池田大作先生との対談『インドの精神――仏教とヒンズー教』（『池田大作全集』第115巻所収）がある。

〈注8〉１９９３年（平成５年）９月24日に、「21世紀と大乗仏教」と題して、ハーバード大学で行われた２回目の講演。「生も歓喜、死も歓喜」との生死観をはじめ、人類の文明における大乗仏教の貢献を論じた。

広宣流布への情熱・勇気・闘魂

新しき1年に臨む今この時、誰もが、清新な決意や希望に満ち、胸躍らせているでしょう。

もちろん前途には、晴れの日もあれば、雨の日もある。嵐や吹雪に立ち向かう日もあるかもしれない。しかし「前進！」と心定めた私たちに、恐れはありません。

ドイツの大詩人ゲーテ〈注1〉がうたった、ファウストの独白が胸に迫ります。

「おれは敢えて世のなかへ乗りだして行って、
地上の苦しみも地上の幸福をも担い、
根かぎり暴風雨とたたかって、
難破船のきしめきにも怯まない勇気をおぼえる」
波瀾万丈の現実のただ中へ、勇んで打って出ていく気概が込められた一節です。草創から脈打つ我らの学会精神に通じるものがあるのではないでしょうか。

“汝の胸中に勇気はあるか”

誓い新たに、私たちは自らに問いたい。

今、汝自身の胸中に、広宣流布へ奮い立つ勇気はあるか、燃え上がる情熱はあるか、困難の壁に怯まず、突破口を開きゆく闘魂はあるか、と。

広宣流布は仏意仏勅です。そして、私たちの大願です。しかし、いつか誰かがやるだろうと、他人事に思っているうちは、何も進みません。たとえ一歩でも、1ミリでも、自分が一人立って動こうと決めた時に、初めて広布の車軸は回転していく――。

これは、創価学会が世界宗教としてその翼を大きく広げ、創立100周年を指呼の間に望む今日においても変わりません。

思えば、第2次世界大戦後の日本の荒野にあって、広宣流布の誓願に一人立ち、人類救済へ慈悲と正義の大法戦を開始されたのが、恩師・戸田城聖先生でありました。

70年前（1952年）、先生は新年の出発に際し、「広宣流布の時きたる」と叫ばれ、同志諸君よ、「勇敢なる折伏の闘士」たれ！「広宣流布の人」たれ！と訴えられました。

第二代会長に就任されて最初に迎える新春であり、この1年の「飛躍」への決心は並々ならぬものでした。なかんずく、先生が最大に信頼し期待されたのが「青年の熱と力」です。

先生は、前年に発表された「青年訓」〈注2〉で、「奮起せよ！　青年諸氏よ。闘おうではないか！　青年諸氏よ」と、私たちに烈々と呼びかけられました。その上で、「勇敢なる折伏の闘士」たれ、と叫ばれたのです。

私も一人の青年として、ご期待に、お応えしたい。恩返ししたかった。その緒戦の一つが、蒲田支部の「二月闘争」であったのです。

当時、大きな支部でも、1カ月100世帯ほどの弘教が精いっぱいでした。「大作、やってくれるか」。師の信任に呼応し、敢然と24歳の私は先頭に立ちました。そして蒲田支部の同志と心を一つに、1カ月201世帯の弘教を達成し、それまでの遅々として進まぬ弘教の壁を一気に破ったのです。

青年の情熱が、飛翔の力を漲らせます。

青年の戦いが、新たな飛躍の原動力です。

これは歴史の方程式でもありましょう。

あらためて御書を拝すると、日蓮大聖人が南条時光などの後継の青年門下にどれほど信頼と期待を寄せられていたかが、伝わってきます。ここで、「上野殿御返事（刀杖難の事）」〈注3〉を拝します。

上野殿御返事（刀杖難の事）

御文　（新1891ページ・全1557ページ）

また、涌出品は、日蓮がためにはすこしよしみ（誼）ある品なり。その故は、上行菩薩等の末法に出現して南無妙法蓮華経の五字を弘むべしと見えたり。しかるに、まず日蓮一人出来す。六万恒沙の菩薩よりさだめて忠賞をかぼるべしと思えば、たのもしきことなり。

とにかくに、法華経に身をまかせ信ぜさせ給え。殿一人にかぎるべからず、信心をすすめ給いて、過去の父母等をすくわせ給え。

現代語訳

また（法華経）従地涌出品第15は、日蓮のためには少々ゆかりのある品である。というのは、この品で、上行菩薩など地涌の菩薩が末法に出現して「南無妙法蓮華経」の五字を必ず弘めるであろう、ということが説かれているからである。

そうであるから、まず日蓮が一人、出現したのである。六万恒河沙の地涌の菩薩から、間違いなく、その忠義をお褒めいただけることだろうと思うので、頼もしいことである。
ともかくも法華経に身を任せて信じていきなさい。あなた一人が信ずるだけでなく、信心をすすめて、過去世の父母らを救っていきなさい。

魂の王者の道を託さんと

本抄の御執筆当時、富士・熱原方面で、門下の一人が刃傷沙汰に遭う事件などが起こっていました。「熱原の法難」〈注4〉がいよいよ激しさを増していたのです。危機が高まる中であるからこそ、同志の要の存在となる南条時光に、信心の真髄を打ち込まれています。

大聖人は、この御消息（お手紙）で、自ら幾多の大難を受けられたこと、とりわけ、「小松原の法難」と「竜の口の法難」の二つの難は、法華経に説く通りの「刀杖の難」〈注5〉――命に及ぶ大難であり、それをも勝ち越えられたことを述懐されます。

若き時光に御自身の激闘の軌跡を伝えることで、法華経の信心を貫く、魂の王者の道を弟子に託されようとする師匠の慈愛が、ひしひしと伝わってきます。

そして大聖人は、従地涌出品第15が御自身にとってゆかりが深いと言われています。

この品では、仏滅後、すなわち悪世末法の娑婆世界において、誰が法華経を弘通するのかが問われています。大聖人は、それが上行菩薩を筆頭とする地涌の菩薩〈注6〉であり、末法に出現し、「南無妙法蓮華経の五字」を弘めるのだと仰せです。地涌の菩薩は、まさに「広宣流布の闘士」なのです。

「まず日蓮一人出来す」――大聖人がただお一人、虚空会での約束のままに、先陣を切って濁世末法に躍り出られた。ゆえに、その至誠は、六万恒河沙の地涌の菩薩から讃えられるであろうと言われています。

とともに、時光に対して〝先駆けの私と共に勇んで立ち上がりなさい〟との期待を込められていると拝されます。「法華経に身を任せて信じていきなさい」との御指南を、私たちは、どこまでも「師弟共戦」に徹底し切る誓いで受け止めていくのです。

実践は青年の本領、信仰の真髄

私は75年前（1947年）の8月14日、大田区内で行われた座談会に出席し、戸田先生に初めてお会いしました。この日この時、「正しい人生とは、いったい、どういう人生をいうのでしょうか。考えれば、考えるほど、わからなくなるのです」と質問した私に、恩師は「難問中の難問だな」と笑みを浮かべられました。そして諄々と、この難問の根本的な解決は日蓮大聖人の仏法にあると言われ、確信に満ちた声で語ってくださいました。

「正しい人生とは何ぞや、と考えるのもよい。しかし、考える暇に、大聖人の仏法を実践してごらんなさい。青年じゃありませんか。必ずいつか、自然に、自分が正しい人生を歩んでいることを、いやでも発見するでしょう」

思い切って、実践してみよ。君は青年ではないか！――その信託は、希望の光の矢となって、19歳の私の生命を照らしました。

加えて、先生が戦時中に軍部政府の弾圧に屈せず2年間投獄されたことも知り、私はただ先生を信じ、入信しました。

今にして思えば、先生の激励は、「法華経に身をまかせ信ぜさせ給え」とのお心と響き合うものであった、と私は感じます。

実践は信仰の生命です。身をもって実践する。勇気を出して行動する。それでこそ生きた信仰となる。いくら知識があっても、挑戦しなければ、本当の信心はわかりません。

勇気の実践が青年の本領です。そこに自身の狭い殻を破って、崇高な使命の山へ至る直道があり、生命の大いなる飛躍台があるのです。

先師・牧口常三郎先生も、繰り返し「勇気を出して自ら実験証明することです」と励まされていました。

さらに続いて大聖人は、「殿一人にかぎるべからず」と言われています。この信心は時光一人がすればよいということではない、自分自身の信心の深化、成長を期すとともに、多くの人を救っていきなさいと教えられています。

自らが実践してつかんだ、この信心は素晴らしいとの確信は、湧き上がる随喜の発露として、人にも語り伝える行動につながっていくでしょう。自行化他です。「我もいたし、人をも教化候え」（新1793ジ・全1361ジ）です。「人のために」「自他共の幸福のために」行動していくのです。仏法は、万人の幸福の実現のためにあるからです。

御書を携え、「行学の二道」を

昨年（2021年）は日蓮大聖人の御聖誕800年であり、今年（2022年）は「立宗宣言」から数えて770年になります。また、戸田先生の発願で『御書全集』が発刊されて70年でもあります。この間、御書と共に、「行学の二道」にまい進する学会の伝統が築かれてきました。

幾重にも意義深き節目に呼応するかのように、『日蓮大聖人御書全集 新版』が完成しました。大聖人直結の門下として最大の喜びであります。

ここでは、既に『御書全集』に収録されている「衣食御書」（全1302ページ〈注7〉）の後半部分として、『御書新版』で新たに追補された御文の一節を拝したい。

衣食御書

御文

（新2150ページ）

人のためによる火をともせば、人のあかるきのみならず、我が身もあかし。されば、人のいろをませば我がいろまし、人の力をませば我がちからまさり、人のいのちをのぶれば我がいのちののぶなり。

現代語訳

人のために、夜、火をともせば（照らされて）人が明るいだけではなく、自分自身も明るくなる。そうであるから、人の色つやを増せば自分の色つやも増し、人の力を増せば自分の力も勝り、人の寿命を延ばせば自分の寿命も延びるのである。

誰もが桜梅桃李の使命に

本抄の御執筆年次など詳細は不明ですが、冒頭に「尼御前御返事」とあり、大聖人のために銭（鵝目一貫）を御供養した女性門下への御返事と考えられます。

本抄の前半では、「食」と「衣」が命を支える大切なものであり、そうした財物を布施する人は、〝人の色つやを増し、力を添え、命を継ぐのである〟と示されています。

「布施」は、大乗菩薩が実践し獲得するべき徳目（六波羅蜜〈注8〉）の一つです。尼御前の布施は、法華経の行者の生命を支え、この世に仏法を栄えさせる尊い修行となるのです。

御文に「人のために」とあります。誰であろうと、縁したその人のため、目の前のこの人のためにと思いやる。それは身近なつながりを大切にすることから始まります。

大聖人は、「人のために、夜、火をともせば、その人が明るくなるだけでなく、自分も明るくなる」と仰せです。まさに道理です。

「食物三徳御書」にも、「譬えば、人のために火をともせば、我がまえあきらかなるがごとし」（新2156ページ・全1598ページ）と同趣旨の比喩が示されています。

街灯もない暗い夜道で不安そうに佇んでいる人がいたとしましょう。その様子を見ながら、多くの人は何も助けず避けて通り過ぎる。しかし、ある人は、自分が持っている灯を掲げて、その人を照らす。「怖かったですね。でも、もう安心ですよ」と励まし、「さあ、一緒に行きましょう」と共に歩き始める……。

ここには、「菩薩」の精神と行動が、目に浮かぶように示し出されています。決して特別なことではないのです。

目の前に苦しんでいる人がいる――ああ、気の毒だ、放ってなんかおけない。やむにやまれぬ思いで、何かお手伝いできますか、と手を差し伸べる。悩みに耳を傾け、懸命に励ます。その人間味あふれる振る舞いにこそ、「菩薩」の生命の脈動があるのです。

今や、日本中、世界中の創価の同志たちが、地涌の菩薩の誇りも高く、「自他共の幸福」のために縦横無尽に行動しています。とりわけ、いずこの国、いずこの地域でも、太陽の女性部の友が、慈悲と智慧の光で人々の心を照らしています。

誰もが桜梅桃李の使命に輝く、なんと尊き女性の連帯であり、偉大な地涌の民衆乱舞の姿でしょうか。

それは、まさしく「一切衆生のために」という仏に等しい慈悲心へと通じています。

そして、この「人のために」と心を働かせていく振る舞い自体が、わが境涯を広げゆく仏道修行ともいえるのではないでしょうか。

「更賜寿命」の大功徳を

続く御文で、大聖人は、「人を励まし、元気づけていけば、自分も元気になる」「人の力を増進すれば、自分の力がいや増して強くなっていく」「人の命(寿命)を延ばせば、自分の命も延びていく」と仰せです。

この御聖訓は、私自身の体験からも、まったくその通りだと実感します。もともと病弱で肺を患い、疲れやすく、すぐに微熱が出て苦しむことも多かった。そのため、若い頃から〝頑健な体がほしい〟というのは、切実な願いであり、祈りでした。妻にも、それはそれは心配をかけたものです。

それでも、待ってくれている友のために国内外を東奔西走し、激励を重ねる日々でした。もちろん疲れます。しかし、不思議と、戦った分、体の奥から力が湧き、より元気に蘇っていったものでした。

同行の幹部から、「どうしてそんなにお元気なのですか」と聞かれたこともあります。

断じて、使命と責任を果たすのだ、倒れてなるものか、という覚悟もありました。しかし、それとともに、学会活動は、戦えば戦うほど、元気になる。皆を励まそう、奮い立たせようと真剣になれば、勇気が湧く。力が出る。そして皆が元気になっていく姿に、わが生命が鼓舞されていく。

ともあれ、若き日より、戸田先生をお護りするためにわが身をなげうち、一日一日、悔いを残さないとの決心で一心不乱に戦ってきました。私が今あるのはその功徳であり、恩師から「更賜寿命」〈注9〉していただいたのだと確信しています。

「自利」と「利他」の融合の哲理

ここで今一度、「人の力をませば我がちからまさり」等の仰せを拝すと、なんと見事に、「自利」と「利他」が一体となっていることでしょうか。誠に平易な、お言葉の中で、「他者のため」と「自分のため」が意識せずとも融合していく、珠玉の生き方を教えられているのです。

ここには、〝自分さえ良ければいい〟という他者を顧みないエゴイズム（利己主義）の冷酷さはありません。自分一人のことだけで汲々とし、自他を分断する、狭苦しい生命境涯ではない。また、義務や形式なども違います。〝救わずにはおれない！〟との、慈悲の生命の発露です。

一方的に「他者のため」だけであれば、ややもすれば恩着せがましくなったり、あるいは、自己犠牲になったりしかねない。「他者のため」が「自分のため」にもなっていくからこそ、感謝と喜びがあります。

現実の苦悩多き娑婆世界の真っただ中で、逃げることもなければ、気負うこともなく、「自他共に」「自他共の幸福のために」と誠実に賢明に働く人の振る舞いにこそ、真実の菩薩の生き方がある。

有名な御聖訓に、「教主釈尊の出世の本懐は人の振る舞いにて候いけるぞ」（新１５９７ページ・全１１７４ページ）とあります。人々を敬う、この「地涌の菩薩」の振る舞いこそが仏の本懐なのです。

戸田先生は「青年訓」の中で、「無慈悲の自分を乗り越えて、仏の慈悲の境地を会得する、人間革命の戦いである」とも訴えられています。私たちにとってこの「慈悲」に代わるものが「勇気」です。全ては、勇気ある一歩から始まります。

この永遠の指針のごとく、わが地涌の同志は、広宣流布の誓願に立ち、自行化他の題目を唱えて果敢に自身の人間革命に挑みながら、「自他共に」輝く幸福の民衆城を築いてきたのです。

生命と生命を結ぶ「宝処」を

19世紀フランスの歴史家ミシュレ〈注10〉は、こう述べています。

「生命は生命と出会うと輝き出て磁気を帯びるが、孤立すれば消え入ってしまう。生命は自らとは異なった生命とまじりあえばまじりあうほど、他の存在との連帯を増し、力と幸福と豊かさを加えて生きるようになる」

生命と生命には、絶妙なる相互作用がある。私たちが日々、あの人のために、この友のためにと励ましを送ることは、地味で目立たぬ、日常の歩みかもしれません。しかし、それは、間違いなく、孤立や分断を防ぎ、多様な生命と生命が出会い、結び合う「宝処」を、楽しく、にぎやかに広げているのです。

「御義口伝」には、「『喜』とは、自他共に喜ぶことなり」「自他共に智慧と慈悲と有るを、『喜』とは云うなり」（新1061ページ・全761ページ）とあります。

仏法の真髄の法理は、一人一人の生命に尊極なる仏性を見、「自他共に」という生命のつながりの中から、最高の幸福と平和の智慧が滾々と湧き出ることを教えています。

そして、常にこの「自他共に」を行動規範として、人間の中へ、民衆の中へ飛び込んで励ましを広げ、慈悲の実践を貫いていくのが「菩薩」です。

ゆえに私たちは、自分がいるその場所から、家族のため、友人のため、隣人のため、あらゆる人々のために、「太陽の仏法」の希望の大光を誇り高く送っていきたい。それは、生きゆく勇気と満々たる元気を与え、生命力を増し、危難を乗り越える智慧と力の源となっていくに違いありません。

「民衆の対話・励まし運動」を

いうなれば、世界広宣流布とは、地球規模の「民衆の対話・励まし運動」です。励ましは「エンカレッジメント」(勇気を吹き込むこと・激励)であり、「エンパワーメント」(内発の力の開花)を促します。世界の民衆と民衆が励まし、励まされて、自らの偉大な使命と底力に目覚めゆくならば、どれほど人類の未来は明るくなるでしょうか。
その壮大な変革の道を進む、後継の青年よ、愛する地涌の同志よ、一人も漏れなく——
「人間革命」の生命飛躍の勝ち鬨を！
「世界広布」の誉れの先駆の勇舞を！
そして堂々たる民衆凱歌の栄光の歴史を！

［注　解］

〈注1〉【ゲーテ】引用は、『ファウスト　第一部』（相良守峯訳、岩波書店）。

〈注2〉【青年訓】第二代会長・戸田城聖先生が1951年（昭和26年）に発表した。当初、9月28日付で書かれ、聖教新聞に〝青年部班長へ告示〟として掲載。その後、11月1日刊の「大白蓮華」19号の「巻頭言」で「青年訓」と改めて発表された。宗教革命によって人間の苦悩を解決し、真の幸福と平和を確立する青年の使命を訴えた。

〈注3〉【上野殿御返事】別名は「刀杖難の事」。弘安2年（1279年）4月の御執筆。法華経の第5の巻の文と御自身との関係を大難と仏法流布の上から明かし、末法を救済する自身の御心境を示された。また、南条時光に信心の心構えを教えられている。

〈注4〉【熱原の法難】建治元年（1275年）ごろから弘安6年（1283年）ごろにわたって、駿河国（静岡県中央部）の熱原地域で日蓮大聖人門下が受けた法難。

〈注5〉【刀杖の難】法華経勧持品第13で、俗衆増上慢を明かした箇所に「諸の無智の人の　悪口罵詈等し　及び刀杖を加うる者有らん　我等は皆当に忍ぶべし」（法華経418ページ）と説かれている。日蓮大聖人は、幾多の迫害を受けた不軽菩薩でさえ、経文には「杖木・瓦石」

とのみあって「刀の難」には当たらないと指摘。これに対して「日蓮は『刀杖』の二字ともにあいぬ」（新1890ページ・全1557ページ）と仰せられている。

〈注6〉【地涌の菩薩】法華経従地涌出品第15で、釈尊が滅後における妙法弘通を託すべき人々として呼び出した菩薩たち。大地から涌出したので地涌の菩薩という。如来神力品第21で滅後悪世における弘通が、釈尊から地涌の菩薩の上首（リーダー）・上行菩薩に託された。

〈注7〉【衣食御書】日蓮大聖人が門下の尼御前に対して与えられた御消息であるが、具体的な人物は不明である。御述作の年代は身延入山以後と考えられるが、年代、着地等も不明。銭一貫文の御供養に対する礼を述べられ、次に食物、衣服が生活上に必要であることを説き、それを供養する人の功徳について明かされている。

〈注8〉【六波羅蜜】大乗教を信奉する菩薩が、実践し修得すべき六種の徳目。布施、持戒、忍辱、精進、禅定、智慧（般若）をいう。

〈注9〉【更賜寿命】法華経如来寿量品第16に説かれる文（法華経485ページ）で、「更に寿命を賜え」と読み下す。良医病子の譬えのなかで、毒を飲んだ子らが父である良医に治療と施薬を求めた言葉。

〈注10〉【ミシュレ】ジュール・ミシュレ。1798年～1874年。フランスの歴史家。主な著作に『フランス史』『フランス革命史』など。引用は、『民衆』（大野一道訳、みすず書房）。

〈著者略歴〉

池田大作（いけだ・だいさく）

1928年～2023年。東京生まれ。創価学会第三代会長、名誉会長、創価学会インタナショナル（SGI）会長を歴任。創価大学、アメリカ創価大学、創価学園、民主音楽協会、東京富士美術館、東洋哲学研究所、戸田記念国際平和研究所などを創立。世界各国の識者と対話を重ね、平和、文化、教育運動を推進。国連平和賞のほか、モスクワ大学、グラスゴー大学、デンバー大学、北京大学など、世界の大学・学術機関から名誉博士・名誉教授、さらに桂冠詩人・世界民衆詩人の称号、世界桂冠詩人賞、世界平和詩人賞など多数受賞。

著書は『人間革命』（全12巻）、『新・人間革命』（全30巻）など小説のほか、対談集も『二十一世紀への対話』（A・J・トインビー）、『二十世紀の精神の教訓』（M・ゴルバチョフ）、『平和の哲学 寛容の智慧』（A・ワヒド）、『地球対談 輝く女性の世紀へ』（H・ヘンダーソン）など多数。

世界の青年と共に
新たな広布の山を登れ！

発行日 二〇二四年五月三日
著 者 池田大作
発行者 小島和哉
発行所 聖教新聞社
〒一六〇―八〇七〇 東京都新宿区信濃町七
電話 〇三―三三五三―六一一一（代表）
印刷・製本 図書印刷株式会社
定価は表紙に表示してあります

ISBN 978-4-412-01708-5